hänssler

Wilhelm Faix und Cornelia Mack

Morgens, mittags, abends

Kinder lieben Rituale

Wilhelm Faix, Jahrgang 1940, verheiratet, drei erwachsene Kinder, ist seit 1978 Dozent am Theologischen Seminar Adelshofen bei Heilbronn. Schwerpunktfächer: Pädagogik, Psychologie und Gemeindebau. Er ist 1. Vorsitzender der Konferenz Bibeltreuer Ausbildungsstätten (KBA).
Verschiedenste Veröffentlichungen, vor allem zum Thema Familie, Erziehung und Gemeindeaufbau. Neben seiner Dozententätigkeit ist Wilhelm Faix auch in der Ehe-, Erziehungs- und Gemeindeberatung tätig.

Cornelia Mack, Jahrgang 1955, Pfarrfrau und Mutter von vier Kindern, studierte Sozialpädagogik und ist heute in der Gemeindearbeit, bei Frühstückstreffen für Frauen, in der Mitarbeiterschulung und Erwachsenenbildung tätig. Daneben ist sie Autorin und Herausgeberin zahlreicher Bücher.

Hänssler
Bestell-Nr. 394.336
ISBN 3-7751-4336-X

© Copyright 2005 by Hänssler Verlag, D-71087 Holzgerlingen
Internet: www.haenssler.de
E-Mail: info@haenssler.de
Umschlaggestaltung: oha Werbeagentur, Oliver Häberlin, CH-9470 Buchs, www.oha-werbeagentur.ch
Titelbild: iStockpro
Innenillustrationen: Traudel Gomer, Adelshofen bei Heilbronn
Satz: Vaihinger Satz & Druck, Vaihingen/Enz
Druck und Bindung: Ueberreuter Buchproduktion
Printed in the Czech Republic

Die Bibelstellen des Alten Testaments sind in der Regel zitiert nach Lutherbibel, revidierter Text 1984, durchgesehene Ausgabe in neuer Rechtschreibung, © 1999 Deutsche Bibelgesellschaft, Stuttgart, die Bibelstellen des Neuen Testaments nach »Neues Leben. Die Bibelübersetzung«, © Hänssler Verlag 2002, D-71087 Holzgerlingen.

Inhalt

Vorwort 6

Einführung 7

1. Warum brauchen Kinder Rituale? 9

2. Rituale im Tagesablauf 19

    Der Morgen 20

    Der Mittag 22

    Der Abend 26

    Essenszeiten 34

    Das Wochenende 38

3. Erziehungsrituale 43/44

    Familienregeln 45

    Ernährung 50

    Hausaufgaben 54

    Freizeitgestaltung 56

4. Das Kirchenjahr 59/60

    Advent und Weihnachten 61

    Passion und Ostern 73

    Pfingsten 78

    Erntedank 79

5. Besondere Zeiten 81

    Geburtstag 82

    Familienfeste 87

    Krankheit 89

    Trauer und Tod 90

Statt eines Nachworts 97

Anmerkungen 98

Buchtipps 99

Vorwort

Die Familie steht hoch im Kurs. Die Erwartungen an die Familie sind dementsprechend hoch. Unsere Gesellschaft ist jedoch nicht familienfreundlich. Traditionen nehmen ab und Familien brechen auseinander. Die Suche nach Orientierung nimmt zu. Dabei geraten Rituale immer stärker in das Blickfeld. Wir können geradezu von einem Comeback der Rituale sprechen. Die Sehnsucht nach guten Gewohnheiten gehört zu den Grundbedürfnissen des Menschen. Sie geben Halt, schaffen Gemeinschaft und bewirken Vertrauen. Rituale sind darum Fixpunkte im Leben des Menschen, insbesondere des Kindes. Sie bringen Struktur in den Alltag, erleichtern die Kommunikation, schaffen einen Rahmen für die eigene Identität, vermitteln Sicherheit, knüpfen an kulturelle Wurzeln an und geben Halt in Krisensituationen. Rituale sind für die Entwicklung des Kindes unentbehrlich. Da unsere Gesellschaft inzwischen kaum noch Traditionen weitergibt, sind Familien umso mehr gefordert, auf gute Gewohnheiten zu achten bzw. zu entwickeln und zu praktizieren.

In diesem Buch wird eine Vielzahl von Ritualen dargestellt, die nicht als Rezepte, aber als Angebote und Hilfen verstanden werden sollen, eigene Rituale zu finden. Da jede Familie andere Rituale pflegt, ist es hilfreich, wenn sich Familien darüber austauschen, voneinander lernen und auch Korrektur erfahren.

Wir danken allen Familien, die uns bereitwillig berichtet haben, wie sie in ihrer Familie Rituale praktizieren, und den jungen Erwachsenen, die erzählt haben, wie sie Rituale in ihrer Familie erlebt haben.

Wir verbinden mit diesem Buch die Hoffnung, dass viele Familien Anregungen erhalten und ihr Familienleben dadurch bereichert wird.

Wir sind davon überzeugt, dass lebendig und fröhlich gelebte Rituale dazu beitragen, dass sich Kinder zu gesunden und starken Persönlichkeiten entwickeln.

Einführung

In allen Bereichen des Lebens, der Schule, der Arbeitswelt, im Management werden Rituale gefordert und eingeführt. Das ist durchaus eine logische Konsequenz einer pluralistisch-individualistischen Gesellschaft, in der das Leben kaum noch feste Strukturen kennt. Die Nacht wird zum Tag und der Fortschritt der Technik ermöglicht es, dass Freizeitgestaltung, Essenszeiten und Haushaltsführung ins Belieben des Einzelnen gestellt sind. Die Verantwortung für die Lebensgestaltung ist dem einzelnen Menschen überlassen. So lange es funktioniert, fragt niemand danach, wie und ob der betreffende Mensch damit zurechtkommt. Erst wenn Probleme oder Krankheitsanzeichen auftreten (Burnout, Depression etc.), stellt sich die Frage nach dem »Wie« der Lebensbewältigung und der Lebensgestaltung. Vor diesem Hintergrund wird verständlich, dass nach Orientierungspunkten gerufen wird, die helfen sollen, das Leben zu strukturieren und Halt und Ordnung zu geben. Solche Orientierungspunkte sind Rituale. Es ist darum nicht verwunderlich, wenn sich inzwischen auch Wissenschaftler mit dieser Fragestellung eingehend beschäftigen. Auf dem internationalen Kongress in Heidelberg 2004 diskutierten Mediziner, Psychotherapeuten, Pädagogen, Präventionsforscher und Kulturwissenschaftler über die Notwendigkeit von modernen und traditionellen Ritualen und ihrer Bedeutung für das Leben. In der jüngsten Umfrage vom Institut für Demoskopie Allensbach (Dezember 2004) wird gefragt: »Braucht man eine Familie, um glücklich zu sein?« 85 Prozent der Mütter und Väter (über 60 Prozent der Gesamtbevölkerung) sind der Meinung, dass man tatsächlich eine Familie braucht, um glücklich zu werden. Von der Familie – das zeigt die Umfrage deutlich – wird Sicherheit und Geborgenheit fürs Leben erwartet. Das sind hohe Erwartungen, die an die Familie gerichtet werden.

Eine offene Gesellschaft, wie wir sie haben, stellt hohe Anforderungen an den einzelnen Menschen und sein Persönlichkeitsprofil. Persönlichkeitsbildung ist darum gefragt. Diese aber beginnt mit der Geburt und entwickelt sich in der Kindheit, um dann im Erwachsenenalter reifen zu können. Darum ist die Familie für die Persönlichkeitsentwicklung des Kindes von so großer Bedeutung. Was hier versäumt wird, ist später nur schwer nachzuholen. Ein gesundes Familienleben bietet die besten Voraussetzungen für den Erwerb von Kompetenzen, die dazu befähigen, sich in einer offenen Gesellschaft zurechtzufinden und nach klaren ethischen Wertvorstellungen zu leben. Was von Kind auf eingeübt wird, kann sich zu festen Verhaltensweisen heranbilden. So kann sich eine eigenständige und selbstständige Persönlichkeit entwickeln, die nicht von jedem Trend und Zeitgeist hin und her gerissen wird. Die gefestigte Persönlichkeit ist auch das Ziel Gottes mit dem Menschen.

Morgens, mittags, abends · Kinder lieben Rituale

So schreibt der Apostel Paulus von Menschen, die in Jesus Christus ihren Halt gefunden haben: »Dann werden wir nicht länger wie Kinder sein und uns ständig von jeder fremden Meinung beeinflussen oder verunsichern lassen, nur weil geschickte Betrüger uns eine Lüge als Wahrheit hinstellen.«[1] Es geht also um mehr als nur um einige gute Gewohnheiten. Es geht letztlich um Lebenssinn und Orientierung für das ganze Leben. Wie weit Rituale in der Familie dabei helfen können, möchten wir in diesem Buch darstellen und anhand konkreter Beispiele verdeutlichen.

1. Warum brauchen Kinder Rituale?

Pädagogischer Sinn von Ritualen

Das Leben in früheren Zeiten war von festen Traditionen bestimmt, die das Miteinanderleben ordneten und prägten. Es gab Bräuche, die in allen Familien üblich waren. Ich erinnere mich noch an einen Brauch aus meiner Kindheit: *Jeden Sonntag nach dem Mittagessen wurden am Tisch Lieder aus dem Gesangbuch gesungen und eine Predigt von Martin Luther vorgelesen. Ging man am Sonntag um die Mittagszeit durch das Dorf, dann hörte man überall singen. Es war selbstverständlich, dass die Kinder dabei waren. Auch wenn es für die Kinder langweilig wurde, sie kamen gar nicht auf die Idee davonzulaufen, weil in jedem Haus gesungen wurde und überall die Kinder dabei saßen*

Kinder orientieren sich stark am »man«, also daran, was alle machen. Solche gemeinsamen Traditionen gibt es kaum noch oder sie werden immer weniger. Wenn wir in die Bibel hineinschauen, dann finden wir viele Bräuche, die gefeiert wurden, z. B. das Laubhüttenfest[2], das Purimfest[3], das Passafest[4] u. a. Bräuche in der Bibel sind Zeichenhandlungen, die den Alltag regeln und dem Glaubenden helfen sollen, sich an Gottes Handeln in der Geschichte zu erinnern. So helfen sie den Glauben der Menschen zu stärken. Dazu gehören auch Symbole, die das Glaubensleben zum Ausdruck brachten, wie das Tragen lederner Gebetsriemen um Stirn und Arm[5] oder die befestigte Schnur bzw. Quasten an der Kleidung[6]. Diese Quasten sollten den Träger daran erinnern, dass er auf Gott hören soll. Auch im Neuen Testament finden sich solche Bräuche. Heute gibt es kaum noch Bräuche, die allgemein gepflegt werden. Es ist der einzelnen Familie überlassen, ob und wie sie bestimmte Traditionen lebt. Hilfen von außen gibt es dabei selten.

Das Familienleben hat sich in den letzten Jahrzehnten stark verändert. Väter pendeln zur Arbeitsstelle, Großeltern wohnen weit entfernt, regelmäßige Mahlzeiten werden immer weniger, selbst Schlafenszeiten werden kaum noch eingehalten. Der Alltag ist hektisch geworden. Viele Eltern schaffen es nicht mehr, den Alltag zu organisieren und regelmäßige Abläufe durchzusetzen. Das verunsichert. Die Verunsicherung wird verstärkt durch das Klagen von ErzieherInnen, LehrerInnen, Familientherapeuten, Ärzten u. a. über die zunehmenden Verhaltensauffälligkeiten und Verhaltensstörungen bei Kindern. Eltern möchten das Beste für das Kind. Wenn Probleme auftauchen, machen sie sich Vorwürfe. Schuldgefühle werden wach. Manche Eltern reagieren mit Verunsicherung und verhalten sich passiv. Sie lassen die Dinge auf sich zukommen, nach dem Motto: Bevor ich etwas falsch mache, mache ich lieber überhaupt nichts. Besonders Väter ziehen sich gerne zurück und überlassen die Verantwortung den Müttern.

Nun fehlt es nicht an entwicklungspsychologischen und pädagogischen Erkenntnissen über das, was ein Kind braucht, damit es zu einer gesunden und starken Persönlichkeit heranwächst. Es fehlt aber an Mustern, Vorbildern und konkreten Traditionen, die helfen, die Erkenntnisse in den Alltag umzusetzen. Vielleicht haben Sie auch schon versucht, die eine oder andere Idee nachzuahmen, und es hat nicht geklappt. Sie waren enttäuscht und kamen zur Überzeugung: Bei uns geht das alles nicht.

Rituale sind nur dann sinnvoll und wirken sich positiv auf das Zusammenleben aus, wenn sie ein lebendiger Ausdruck des Familienlebens sind. Jede Familie muss darum nach den eigenen Lebensgewohnheiten fragen. Dazu ist es nötig, dass Sie als Eltern überlegen, wie Ihr Familienalltag abläuft und was sie anders gestalten wollen. Bei kleineren Kindern können Sie ein Ritual fest einführen. Es wird eine Weile dauern, bis das Kind solch eine Gewohnheit verinnerlicht hat, aber dann wird es schon darauf warten. Bei Schulkindern sollten Sie gemeinsam mit den Kindern darüber sprechen und erklären, warum Sie dieses oder jenes Ritual in der Familie leben möchten, aber dann die Kinder aktiv in den Entscheidungsprozess und in die Gestaltung mit einbeziehen.

Kinder lieben die Gewohnheit, darum sollten Rituale nicht so schnell gewechselt

werden. Sie sollen dem Alter des Kindes angepasst sein. Bei Veränderungen braucht es eine gewisse Zeit, bis dieses Ritual wieder zur Gewohnheit wird.

Es gehört inzwischen zu den grundlegendsten Erkenntnissen der Pädagogik, dass ein Kind vom ersten Tag der Geburt an eine liebevolle Beziehung zu den Eltern braucht, die ihm Geborgenheit, Sicherheit, Halt, Wärme und Selbstvertrauen vermitteln. Rituale können dazu beitragen, dass Kinder solche Erfahrungen machen und dadurch ein gesundes Selbstwertgefühl entwickeln und Lebenszuversicht gewinnen.

Rituale fördern auch die Konzentration, trainieren das Gedächtnis und helfen Stress abzubauen und über Kummer hinweg.

Was sind Rituale?

Unter Ritualen verstehen wir immer wiederkehrende Gewohnheiten im Tages- und Jahreslauf. Gewohnheiten laufen nach einem bekannten Rhythmus ab. Sie bieten dadurch bekanntes und vertrautes Verhalten, das für die Entwicklung des Kindes von außerordentlicher Bedeutung ist. Auf diese Weise wird das Miteinanderleben geregelt und erleichtert. Rituale vermitteln dadurch Sinn und helfen Krisen zu überwinden. Ein Ritual in solch einer Krise bietet im bekannten Ablauf Sicherheit und Halt. Das Kind kann sich in Gewohnheiten fallen lassen. Es gibt viele verschiedene Rituale, solche, die den Tag strukturieren (vom Aufstehen bis zum Zu-Bett-Gehen), solche, die zu besonderen Anlässen gefeiert werden (z. B. Feste, Geburtstage etc.), und solche, die zu persönlichen Gewohnheiten geworden sind (z. B. Lieblingstier, Kuscheltuch).

Rituale helfen den Tag zu strukturieren

Jeder Tag hat bereits festgelegte Vorgaben, wie zum Beispiel Kindergarten, Schule, Musikunterricht etc. Viele Eltern neigen darum dazu, die restliche Zeit auf sich zukommen zu lassen. Dadurch entstehen Spannungen und Konflikte, weil jedes Familienmitglied diese »freien Zeiten« anders nutzen will. Rituale können darum helfen, den Tag zu strukturieren.

Am **Morgen**: Jeder Tag beginnt mit Aufstehen, Morgentoilette und Frühstück. Bereits hier kann viel Stress entstehen, da jedes Familienmitglied den Tag anders beginnt und durchlebt. Absprachen könnten helfen, den Morgen entspannter zu erleben, wenn zum Beispiel geklärt wird, wer zuerst aufsteht, ins Bad geht, das Frühstück richtet und welche Gemeinsamkeiten es geben kann, wie z. B. gemeinsam frühstücken. Danach wird jedes Familienmitglied anders den Tag durchlaufen.

Die **Mittagszeit**: Der nächste Fixpunkt ist das Mittagessen. Nicht in jeder Familie kann es für alle Familienmitglieder zu einer bestimmten Zeit eingenommen werden. Aber auch hier kann ein Rhythmus gefunden werden, der für alle akzeptabel ist.

Der **Nachmittag**: Hier ist eine Strukturierung ebenfalls hilfreich: Hausaufgaben machen, Spielzeiten etc. sollten abgesprochen sein, damit jeder weiß, woran er ist.

Der **Abend**: Am Ende des Tages gibt es dann ein festes Abendritual bis hin zum Zu-Bett-Gehen. Vielleicht hört sich das alles beim Lesen sehr schematisch an, aber es geht nicht um Einengung und starre Regelungen (was in der Tat furchtbar wäre), sondern um eine Strukturierung und damit um Orientierung. Jedes Familienmitglied weiß, woran es ist, wenn es klare Absprachen und feste Zeiten gibt. So wird das Miteinanderleben vor Hektik, Stress und Ärger bewahrt. Auf diesem Weg wird Verlässlichkeit und Vertrauen aufgebaut. Solch eine Strukturierung des Tages muss abgesprochen und langfristig eingeübt werden. Ohne allzu großen Aufwand lernt das Kind Grenzen zu akzeptieren (Gehorsam) und sich an Absprachen zu halten (Vertrauen). Natürlich können Änderungen vorgenommen werden. Ausnahmen bestätigen die Regel. Wenn die Familiensituation sich verändert, dann gilt es, neue Absprachen zu treffen und neue Regeln einzuüben.

• Als wir unser erstes Kind bekamen, war mein Mann Pfarrer. Jeder Tag war anders, und wir hatten kaum einen geregelten Tagesablauf. Das wirkte sich auch auf unser Kind aus: Er hatte keine festen Zeiten, wann er aß und wann er schlief. Erst als wir in eine neue Aufgabe wechselten und unser Tagesablauf geregelter wurde und auch, als ich mit dem zweiten Kind noch mehr mit meiner Zeit haushalten musste, gelang es uns, feste

Zeiten für die Mahlzeiten und das Schlafen nach und nach einzuführen. Was für eine Erleichterung! Da unser Sohn ein Frühaufsteher war, schaffte ich es nicht mehr, morgens, bevor er wach wurde, meine Bibel zu lesen. So gewöhnte ich ihn früh daran, dass nach dem Frühstück, bevor ich etwas anderes mit ihm spiele, erst aus der Kinderbibel vorgelesen wird und dann ich selbst noch einige Minuten für mich in der Bibel lese. Inzwischen ist er fast 8 Jahre alt und, da er immer noch Frühaufsteher ist, macht er morgens vor der Schule selbstständig Stille Zeit mit einem Bibelleseplan. Ich denke, dass die Gewöhnung von klein auf ihm dabei sehr geholfen hat.
Familie Claudia & Markus Printz

Rituale im Jahreslauf

Das Jahr bietet viele Möglichkeiten und Anlässe, das Familienleben zu gestalten und Gewohnheiten einzuüben. Da sind die kirchlichen Feste wie Advent, Weihnachten, Ostern etc., um nur einige zu nennen. Diese Feste können Höhepunkte werden, wenn sie entsprechend gestaltet werden. Darüber hinaus sind sie Orte, die den christlichen Glauben weitergeben und damit wichtige Inhalte des Glaubens transparent und erlebbar werden lassen.

Zu den Festen, die jährlich wiederkehren, gehören auch die Geburtstage. Für ein Kind ist der Geburtstag ein persönlicher Höhepunkt im Leben. Kinder leben auf den Geburtstag hin. Es ist darum wichtig, sich als Familie darauf einzustellen. An einem Geburtstag ist das Kind im Mittelpunkt und sonst niemand – im Gegensatz zu anderen Festen im Jahreslauf (z. B. Weihnachten).

Rituale zu besonderen Anlässen

Es gibt auch immer wieder Gelegenheiten, den Familienalltag durch ein besonderes Fest zu bereichern. Anlässe dafür gibt es viele: der erste Zahn, der raus fällt und in einer Zahndose aufgehoben wird; der erste Schultag; ein Haustier ist gestorben und muss durch ein Trauerritual verarbeitet werden; ein Kind bekommt ein neues Zimmer und lädt zur Einweihung ein – und vieles andere.

Persönliche Rituale

Jedes Kind entwickelt persönliche Rituale, die für das Kind eine besondere Bedeutung haben. Die meisten Kinder haben ein Kuscheltier oder Kuscheltuch oder eine Schmusedecke. Unsere Kinder hatten ein »Nusch«. Das war ein besonderes Seidentuch und durfte nie fehlen, ob zu Hause oder unterwegs oder im Urlaub. Es gab dafür auch keinen Ersatz in Form eines ähnlichen Tuches. So gab es manches Mal eine große Suchaktion, bis wir das »Nusch« gefunden hatten. Meine Frau hat darum vorgesorgt und aus dem einen »Nusch« zwei gemacht (sozusagen als Reserve in Notfällen). Persönliche Rituale tragen stets eine persönliche Note, die es zu respektieren gilt. Sie helfen Ängste, Trauer, Ärger, Zorn etc. zu überwinden. Das Kind braucht sie, vor allem zum Einschlafen, weil sie Nähe und Geborgenheit vermitteln. Solche persönlichen »Gegenstände« sind Tröster und Freund zugleich. Sie helfen dem Kind, auf seine Art die Eltern loszulassen und das, was es beschäftigt, ohne Eltern zu verarbeiten.

Welche Bedeutung haben Rituale für das Familienleben?

Rituale erleichtern das Leben. Je kleiner ein Kind ist, desto mehr Sicherheit und Geborgenheit braucht es. Für Schulkinder sind Rituale eine Orientierung, an denen sie sich ausrichten können. Aber sogar für Kinder in der Pubertät sind Rituale hilfreich; auch wenn sie rebellieren, empfinden sie gewisse Gemeinsamkeiten bzw. Abläufe, an denen sie teilnehmen können, als Halt.

Jede Familie entwickelt ihre eigenen Rituale, die gleichzeitig das »Besondere« dieser Familie sind. Rituale stiften darum eine Familienidentität. Das eine ist typisch für Familie X oder das andere für Familie Y. Die eine Familie ist musikalisch. Gemeinsames Singen oder Musizieren verbindet. Vielleicht kommt es sogar zu gemeinsamen Auftritten vor Publikum, was dem Miteinander der Familie eine besondere Note gibt. Andere Familien pflegen eine sportliche Betätigung. Der Schwerpunkt liegt jeweils auf dem Gemeinsamen. Rituale müssen zwar eingeübt werden, sonst werden sie nicht zur Gewohnheit, aber sie sollten frei und locker praktiziert werden, ohne Druck. Im Vordergrund stehen die Freude am Miteinander und das Wir-Gefühl. Je nach Größe der Familie und nach Altersunterschied der Kinder nehmen nicht immer alle an allen Ritualen teil. Besonders wenn Kinder in die Pubertät kommen, sollten sie freiwillig dabei sein dürfen. Rituale schaffen Gemeinschaft in einer Gesellschaft, in der der Mensch immer mehr vereinzelt. Viele Persönlichkeitsmerkmale bilden sich nur über das gemeinsame Erleben aus, wie z. B. Rücksichtnahme, Vertrauen, Verlässlichkeit, Treue, Verantwortung, Kommunikationsfähigkeit, gegenseitige Annahme und Akzeptanz u. a. m.

Rituale haben nur dann eine langfristige pädagogische Wirkung, wenn sie regelmäßig stattfinden und nicht dem Zufall oder der Lust und Laune überlassen werden. Dabei sind zuallererst die Eltern gefordert, sich zu einigen, zu welcher Zeit welches Ritual ablaufen soll. Kinder wollen Eltern mit klarer Haltung, an der sie sich orientieren und reiben können. Die Vorbildfunktion der Eltern ist hier besonders gefragt. Fehlt diese Vorbildfunktion, dann bekommen die Kinder das Gefühl, dass man sich auf niemanden verlassen kann. Die Folge ist häufig ein Gefühl der Ungeborgenheit.

Rituale verbinden und stärken das Miteinander der Familienmitglieder, besonders aber das Eltern-Kind-Verhältnis. Darum ist es wichtig, dass bei Ritualen, die die ganze Familie betreffen, beide Elternteile daran teilnehmen. Manche Väter tun sich schwer damit, sei es, weil sie es nicht für so wichtig ansehen oder weil sie keine Zeit haben. Väter, die selten oder gar nicht an Familienritualen teilnehmen, stehen in der Gefahr, die Beziehung zu ihren Kindern zu verlieren und damit Autorität einzubüßen. »Was meinen Vater angeht, so ist auffallend, dass er kein Ritual mit uns Kindern mitgemacht hat. Es besteht bis heute fast keine Beziehung zwischen uns Kindern und unserem Vater. Alle Kinder haben relativ früh das Haus verlassen«, schreibt mir eine 20-Jährige.

Es kann natürlich nicht darum gehen, dass beide Elternteile immer bei allen Ritualen anwesend sind. Wichtig ist, dass die Eltern in Absprache und Einheit das Familienleben gestalten. Wenn dann bei einzelnen Ritualen (bes. beim Abendritual) der Vater (oder auch die Mutter) nicht immer dabei sein kann, dann hat das keine weitere Bedeutung. »Wenn meine Mutter nicht da war, dann genossen wir die Zeit mit unserem Vater«, berichtet eine Jugendliche.

Erinnerungen

• In meiner Kindheit habe ich unzählige Rituale erlebt, die meinem Alltag eine feste Struktur gaben. Jeden Morgen zum Beispiel machte mein Vater uns Kindern Tee und richtete mir die ganzen letzten Jahre meiner Schulzeit das Pausenbrot. Vor jeder Mahlzeit beteten wir, und abends vor dem Schlafengehen legten wir gemeinsam unsere

Sorgen und unseren Dank Gott hin. Ich hatte das Privileg, dass ich meistens von Mama und Papa ins Bett gebracht wurde. Erst war Mama an der Reihe und dann musste sie meinen Vater holen, der mir manchmal noch eine Geschichte aus seiner Kindheit erzählte. Das Gute-Nacht-Ritual endete immer mit einem Gedicht über ein Huhn, das mir Papa mit festlicher Stimme vortrug. Eine andere feste Regel war, dass Mama sonntags ein Festmenü zauberte, bei dem ich gerne mithalf, auch wenn ich »nur« die Aufgabe hatte umzurühren oder eine Milch aus dem Keller zu holen. Den Abwasch machten immer, auch heute noch, mein Vater und mein Bruder.

Woran ich mich sehr gerne erinnere, ist das Feiern in der Adventszeit in unserer Familie. Das Wohnzimmer war weihnachtlich dekoriert und von Dutzenden von Kerzen beleuchtet. Selbstgebackenes Gebäck von Mama und mir stand auf dem Tisch. Die ganze Familie saß jeden Abend zusammen und wir sangen Weihnachtslieder, danach folgte eine Geschichte, die Mama vorlas. Danach beteten wir und dann folgte mein Lieblingsteil. Ich pustete alle Kerzen aus, erschreckte Mama und Papa im Dunkeln und ließ mich daraufhin durch-

> kitzeln. Jeden Abend aufs Neue. Es gibt noch viele Beispiele, aber ich möchte noch von einem Ritual berichten, das mir persönlich am Wichtigsten ist und von dem ich für mein eigenes Leben viel gelernt habe. Nach jedem Streit mit meinen Eltern haben wir uns nach Türen schlagen und Schmollpause wenige Minuten, manchmal auch einige Stunden später wieder vertragen. Aber niemals ging ich mit einem traurigen Herzen ins Bett. Ganz besonders an diesem Versöhnen ist auch heute noch, dass Papa und Mama sich für ihr Fehlverhalten genauso entschuldigen wie ich mich für meines. Das beeindruckt mich immer wieder aufs Neue und hat mich gelehrt, dass »sich entschuldigen« keine Schwäche, sondern eine Stärke ist. **Sara Faix**

Rituale helfen Werte zu vermitteln

Kinder übernehmen Werte über den Lebensvollzug. Werte wie Vertrauen, Treue, Vergebung, Versöhnung, gegenseitige Achtung, Ehrlichkeit, Selbstständigkeit, Freiheit, Ordnung, Pünktlichkeit, Freundlichkeit, Dankbarkeit, Verzichten, Konflikte austragen u. a. werden durch das Leben vermittelt. Das Kind erlebt, wie diese Werte im Familienalltag gelebt werden. Dabei können Rituale eine wertvolle Hilfestellung geben. So lernt das Kind durch Absprachen und Einhalten von Regeln Verlässlichkeit und Vertrauen. Das Gebet bei den Mahlzeiten fördert die Dankbarkeit. Das friedliche Austragen von Konflikten fördert die Achtung der Person, das Erzählen und Lesen von biblischen Geschichten weckt Glaube, Hoffnung und Vertrauen zu Gott. Rituale spielen damit in der Wertevermittlung eine wichtige Rolle, weil Werte im Herzen verankert und erst später dann mit dem Denken erfasst und begründet werden. Fühlen, Denken, Erkennen, Interessen, Lieben, Glauben und Vertrauen gehören beim Kind zusammen. Früher sprach man vom Gemüt, die Bibel spricht vom Herzen. Rituale sind solche ganzheitlichen Erlebnisabläufe. Sie tragen darum wesentlich zur Verankerung von Werten im Leben des Kindes bei.

Sind Rituale immer hilfreich?

Rituale sollen nicht um ihrer selbst willen praktiziert werden, sonst werden sie zu leeren Hülsen. Rituale müssen mit Leben gefüllt sein. In einer Umfrage unter etwa 50 Jugendlichen und jungen Erwachsenen im Alter von 17 bis 27 Jahren habe ich gefragt, welche Bedeutung Rituale für sie gehabt haben. Sie bestätigen, was wir bereits sagten, dass Rituale ihnen Halt, Sicherheit, Geborgenheit und Orientierung gaben.

Hier einige Antworten:

- Sie waren gut und auch wichtig. Ich hätte mir mehr Rituale gewünscht, z. B. gemeinsame Aktivitäten mit den Eltern. Ich bin überzeugt, dass dadurch die Beziehung zwischen uns Kindern und Eltern besser gewesen wäre.

- Sie waren ein Sammelpunkt für die Familie, im Stress der Woche, wo man sich nicht viel sah.

- Es waren immer die wenigen Tage im Jahr, wo ich das Gefühl hatte, eine »richtige« Familie zu haben. Ich habe die Gemeinschaft genossen.

- Es war immer schön, sie gaben einem ein sicheres und geborgenes Gefühl.

- Das Ritual, samstagmorgens mit dem Vater frühstücken zu gehen, war sehr schön, da wir Kinder dann den Papa für uns alleine hatten. Außerdem gab es ein Stück Sicherheit.

- Ich glaube, dass Rituale total wichtig sind im Kindesalter, und wenn es nur der Aspekt ist, gute Gewohnheiten einzuüben.

- Es waren wichtige Zeiten als Familie, die es sonst nicht viel gab. Die Rituale zeigen mir, dass meine Eltern die Zeit mit uns beiden Kindern wichtig war.

- Wenn ich so zurückdenke an meine Kindheit, dann war es weniger der Inhalt als vielmehr die Tatsache, dass solche Rituale stattfanden. Es war wie ein Rahmen, der mir Halt gab und »Heimat« war.

Ein Bericht ist besonders eindrücklich, weil er zeigt, dass die unterschiedlichen Rituale durchaus eine tiefe Bedeutung für das spätere Leben haben.

- Das Gebet war ein Bestandteil des Lebens und es gehörte dazu, dass wir uns bewusst machen, dass wir aus Gottes Hand das Essen empfangen haben. Ebenso die Bitte um Schutz in der Nacht und unser Leben Gott anbefehlen.
- Durch das Feiern meines Tauf- und Konfirmationstags habe ich ein ganz anderes Verhältnis zu meiner Taufe und Konfirmation. Es ist nicht etwas, das einmal war, sondern auch noch für heute Bedeutung hat und wichtig ist. Es ist etwas Entscheidendes, was heute noch relevant ist.

- Passamahl: Sich noch einmal vergegenwärtigen, was Jesus vor sich hatte und um unsretwillen auf sich nahm; wir können es durch Brot und Traubensaft hautnah miterleben.
- Osterfrühstück: Sich mit den Frauen am Grab freuen, wenn der Morgen noch frisch ist und man über Jesu Auferstehung staunt und sich freut.
- Osterkrippe: Die Menschen haben wir selbst getöpfert, auch die Umgebung, der Palast bestand aus Bauklötzen. Wir konnten alles aufbauen und nachspielen und man integriert es ins Leben, es betrifft einen selbst und wird manchmal neu wichtig.

Aber es zeigte sich in dieser Befragung, dass Rituale nicht automatisch eine positive Wirkung haben. Rituale können sich auch negativ auswirken – nämlich dann, wenn sie aufgezwungen sind, ohne Wärme praktiziert werden und zu Zwangshandlungen ausarten.

- Gebet und Andacht empfand ich für alle Beteiligten als reines Pflichtprogramm. Mir erschien das Ganze oft heuchlerisch. Das Glaubensleben war auf Äußerlichkeiten (Benehmen, Kleider, Tischandacht und Gebet) reduziert.

- Ich fand Rituale immer sehr langweilig. Immer dasselbe. Auch Weihnachten: Jedes Jahr das Gleiche. Weihnachten soll ein Fest der Freude sein, und bei uns war immer eine gedrückte Stimmung. Von daher haben Rituale für mich keine große Bedeutung.

- Als Kind empfand ich Rituale als Entspannung und Geborgenheit. Ich habe darauf gewartet. Als Jugendlicher empfand ich sie als Stress, weil sie mir aufgezwungen wurden.

- Bei uns in der Familie waren die Rituale nicht echt, besonders das Tischgebet nicht.

- Ich empfand das Lesen des Kalenderblatts langweilig, es kamen nur wenig kindgerechte Geschichten vor.

- Bei uns war Tischgebet und Kirchenbesuch reine Pflichtübung.

- Auch für Rituale gilt: »gut gemeint und schlecht gemacht«. Mein Vater wollte sonntags Zeit mit mir verbringen, aber nur auf seine Weise. Einmal überredete ich ihn zum Brettspiel, da strengte er sich aber nicht an. So machte es keinen Spaß, ich fügte mich wieder.

2. Rituale im Tagesablauf

Der Morgen

Der Morgen ist eine besondere Zeit. Im Volksmund heißt es nicht umsonst: So wie man den Tag beginnt, so ist er auch. Es lohnt sich deshalb, darüber nachzudenken, wie der Morgen gestaltet werden kann: Wer steht wann auf, wer geht zuerst ins Bad, wer bereitet das Frühstück zu ... Manchen Kindern fällt das Aufstehen schwer. Sie stehen erst dann auf, wenn es »höchste Zeit« ist. Dann geht es mit Hektik und antreibenden Worten der Mutter weiter: »Beeil dich, sonst kommst du zu spät.« »Trödle nicht so.« Darum ist es besser, wenn Kinder rechtzeitig daran gewöhnt werden, etwas früher aufzustehen, dann haben sie mehr Zeit und Ruhe, den Morgen zu gestalten. Denken Sie daran: Der Tag beginnt bereits am Abend vorher. Sprechen Sie mit dem Kind über den nächsten Tag und bereiten Sie es so auf das Wecken vor. Wer abends nicht rechtzeitig ins Bett findet, kommt morgens schwer raus. Kinder sollten darum feste Zeiten haben, zu denen sie ins Bett gehen und morgens aufstehen. Der Körper gewöhnt sich an diesen Rhythmus und das Aufstehen fällt leichter. Schulkinder sollten die Verantwortung für das Aufstehen selbst tragen, das fördert die Selbstständigkeit.

Viele Familien tun sich schwer, den Tag gemeinsam zu beginnen. Das liegt nicht nur daran, dass die einzelnen Familienmitglieder zu unterschiedlichen Zeiten das Haus verlassen, sondern auch daran, dass jeder eine andere Stimmung verbreitet. Der eine ist bereits nach dem Aufstehen gut drauf, singt und lacht, während der andere ein Morgenmuffel ist und niemanden sehen und hören will. Jede Familie muss sich darum fragen: Ist eine gemeinsame Zeit überhaupt möglich? Es ist aber auch denkbar, dass ein Teil der Familie gemeinsam frühstückt und den Tag mit einem gemeinsamen Morgengebet beginnt. Sie finden nachstehend ganz verschieden Praxisberichte.

• Da unsere Kinder altersmäßig weit auseinander sind, saßen selten alle am Frühstückstisch. Nach dem Frühstück lasen wir die Losung und beteten. Bevor sie das Haus verließen und zur Schule oder in den Kindergarten gingen, beteten wir mit ihnen gemeinsam das Gebet: »Führe mich, o Herr, und leite meinen Gang nach deinem Wort; sei und bleibe du auch heute mein Beschützer und mein Hort. Nirgends als von dir allein kann ich recht bewahret sein.«
Dieses Gebet hat schon Barbara Faix' Mutter mit ihren Kindern gebetet.
Gab es eine besondere Situation in der Schule (z. B. Klassenarbeit), dann haben wir statt dessen ein freies Gebet gesprochen. War die Zeit sehr knapp und das Kind hatte es eilig, dann ging es auch ohne gemeinsames Gebet zur Schule. Wir umarmten das Kind und sagten: »Der Herr Jesus segne dich«, und wir Eltern schickten ein stilles Gebet hinterher.

Familie Wilhelm und Barbara Faix

• Bevor wir alle auseinander gehen, halten wir nach dem Frühstück eine Morgenandacht. Wir singen gemeinsam ein Lied, dann lesen wir ein Kalenderblatt aus einem Kinderkalender, danach beten wir gemeinsam und vertrauen uns Gott für den Tag an. Als die Kinder älter waren, lasen wir aus einem Andachtsbuch für Teenager (z. B. »Echt cool«).

Familie Alois und Elli Geisler

• Wenn unsere Kinder am Morgen aus dem Haus gingen, haben wir ihnen oft die Hand auf den Kopf oder auf die Schulter gelegt und sie gesegnet – z. B.: »Gottes Friede sei mit dir.« Oder: »Der Herr Jesus segne und behüte dich.«
Ein Freund unseres Sohnes erlebte einmal ein solches Ritual mit und bat dann am nächsten Tag seine Mutter, ihn auch morgens zu segnen.

Familie Ulrich und Cornelia Mack

Der Mittag

In den meisten Familien ist es kaum noch möglich, das Mittagessen gemeinsam einzunehmen. Der Vater oder gar beide Elternteile sind in der Arbeit. Dazu kommt, dass bei mehreren Kindern jedes zu einer anderen Zeit nach Hause kommt. Es stellt sich die Frage, ob da überhaupt noch ein gemeinsames Ritual angestrebt werden soll oder angebracht ist. Da es nicht um Vorschläge geht, die von allen Familien übernommen werden können, sondern um Ideen, die von der einen oder anderen Familie aufgegriffen werden können, möchte ich es doch wagen, auch Vorschläge für die Mittagszeit zu machen. Wenn es möglich ist, sollte das Essen immer zur gleichen Zeit eingenommen werden. An solch einer geregelten Zeit kann sich die Familie orientieren. Eines der schönsten und bekanntesten Essensrituale ist das Tischgebet. Das Tischgebet drückt vor allem die Dankbarkeit über das Essen aus. Es ist durchaus nicht selbstverständlich, dass wir täglich genug zu essen haben. Weltweit verhungern täglich viele Menschen, besonders Kinder. Für Kinder ist es keineswegs unwichtig ob sie jemand empfängt und sich für sie Zeit nimmt, wenn sie nach Hause kommen, damit sie erzählen können, was sie am Vormittag erlebt haben. Auch wenn nicht jedes Kind gleich gesprächig ist, bedeutet es für ein Kind viel, wenn Mama da ist, sich zu ihm setzt und, wenn nötig, mit ihm spricht. Diese kurzen Zeiten am Mittagstisch machen das Kind frei für den Nachmittag. Viele Schwierigkeiten entstehen dadurch, dass Kinder ihre Probleme den ganzen Tag mit sich herumschleppen müssen und dadurch innerlich nicht frei sind für Hausaufgaben und andere Dinge.

Tischgebete

Kommt zu Tisch, froh und frisch
schließen wir den Kreis,
Gott hat uns beschert,
was das Herz begehrt.
Ihm sei Lob und Preis.
Vater segne diese Speis.
Amen.

Alle guten Gaben,
alles, was wir haben,
kommt, o Gott, von dir.
Wir danken dir dafür.
Amen.

Was wir haben, lass uns teilen.
Nichts gehört uns ganz allein.
Hilf uns Not und Hunger heilen
und für andre da zu sein.
Amen.

Wir danken dir, o treuer Gott,
für unser gutes täglich Brot.
Lass uns, in dem, was du uns gibst,
erkennen; Herr, dass du uns liebst.
Amen.

Herr, bleib du in unsrer Mitte,
der du reiche Gabe gibst.
Segne uns und lass uns spüren,
dass du deine Kinder liebst.
Amen.

Alles lebt von deinen Gaben,
Vater, was wir sind und haben.
Alles Gute kommt von dir.
Du hast uns noch nie vergessen,
gibst auch heute uns zu essen.
Herzlich danken wir dafür.
Amen.

Vater aller Gaben,
alles, was wir haben
alle Frucht im weiten Land
ist Geschöpf in deiner Hand.
Hilf, dass nicht der Mund verzehrt,
was uns deine Hand beschert,
ohne dass das Herz dich ehrt.
Amen.

Wir haben in unserer Familie eine Auswahl von Tischgebeten auf Kärtchen geschrieben.
Die Kinder durften diese dann anmalen. Oder mit schönen Bildern verzieren.
Alle Kärtchen kamen in eine Schachtel und jedes Mal durfte ein anderes Kind vor dem Essen ein Tischgebet aus dieser Schachtel auswählen.[7]

   Familie Ulrich und Cornelia Mack

- Bei uns gab es immer Streit um das Tischgebet, deshalb haben wir hier auch ein kleines Ritual eingeführt, was die Lage sehr entspannt hat. Vor jedem Tischgebet darf der- oder diejenige, der / die dran ist, mit einer kleinen Glocke ein Zeichen geben. Dann sind alle still, und diese Person wünscht sich ein Tischgebet oder Lied, was dann alle gemeinsam beten. Morgens ist Aimée dran, mittags Mama oder Papa und abends Lilly.

Familie Tobias und Christine Faix

- Bei uns gibt es immer ein Tischgebet (auch wenn wir Gäste haben), das schließt mit »Fröhlich sei das Mittagessen, guten Appetit« – und einem kräftigen Ellbogenschlag auf den Tisch. Das ist bei den Kids sehr beliebt.

Familie Imo und Friederike Trojan

Psalmgebet nach dem Essen

- Bevor wir Kinder hatten, entschlossen wir uns als Ehepaar, nach dem Mittagessen nicht das übliche Dankgebet zu sprechen, sondern einen Psalm zu beten. Als dann unser erstes Kind mit am Tisch saß und wir unseren Psalm beteten, stellten wir fest, dass es gerne mitmachte. Es wollte auch ein Psalmbüchlein und plapperte in seiner Kindersprache mit. So kam es, dass wir nach dem Essen mit den Kindern immer fortlaufend einen Psalm beteten. Zunächst haben wir den Psalm gemeinsam laut gelesen. Als dann das erste Kind selbst lesen konnte, durfte jeder einen Vers lesen. Schnell stellten wir fest, dass das zweite Kind zwar noch nicht lesen konnte, aber auch mitmachen wollte. Wenn es an die Reihe kam, betete es einige frei erfundene Worte, dann kam der nächste an die Reihe. Auch unser drittes Kind reihte sich nahtlos ein. So kam es, dass wir, bis die Kinder groß bzw. aus dem Haus waren, fast jeden Tag nach dem Mittagessen einen Psalm beteten. Wir als Eltern empfanden es als hilfreich, und die Kinder machten gerne mit. Es gab auch Tage, an denen es nicht klappte, eines der Kinder keine Lust hatte oder die Zeit knapp war. Dann haben wir es ausfallen lassen.

• Wir haben nur kurze Psalmen ganz gebetet, die längeren haben wir in Abschnitte eingeteilt und dann über mehrere Tage gebetet. Es ist auch möglich einen Psalm zu überspringen oder einige Verse auszulassen. Für unser Mittagsgebet haben wir uns Psalmbüchlein gekauft. Sie lagen auf der Bank in der Küche immer bereit. War das Mittagessen vorbei, wurden sie verteilt und los ging es. Jedes Kind hatte sein eigenes Büchlein mit Aufklebern verziert. Wir hatten immer einige Psalmbüchlein mehr für Gäste, damit auch sie mitbeten konnten. Auf diese Weise haben wir Gottes Wort kennen gelernt.
Familie Wilhelm und Barbara Faix

(Weitere hilfreiche Rituale und Tipps zur Gestaltung der Essenszeiten finden Sie ab Seite 50.)

Morgens, mittags, abends · Kinder lieben Rituale

Der Abend

Viele Familien haben Probleme, ihre Kinder ins Bett zu bekommen. Sie kommen immer wieder aus dem Bett, haben diesen und jenen Wunsch oder sagen, dass sie Angst haben. So kann sich das Zu-Bett-Gehen über Stunden hinziehen. Oft finden richtige Machtkämpfe zwischen Kind und Eltern statt. Eine nervenaufreibende Sache. Väter ziehen sich in der Regel zurück und überlassen diese Zeremonie der Frau. Mütter klagen dann, dass sie fix und fertig sind, bis das Kind endlich schläft. Ein geregelter Tagesschluss mit festen Gewohnheiten kann hier eine Abhilfe schaffen. Als Abschluss des Tages bietet das Abendritual eine hilfreiche

Möglichkeit, den Tag mit seinen vielen Erlebnissen, Spannungen und Anforderungen abzuschließen. Viele Kinder können nicht einschlafen, weil sie das Erlebte des Tages nicht loslassen können und die Ereignisse noch nachwirken. Aus pädagogischer Sicht wissen wir, »dass es nichts besseres gibt als ein abendliches Ritual, um den Kindern den Wechsel vom Tag zur Nacht zu erleichtern«[8]. Kulturwissenschaftler haben herausgefunden, dass Abendrituale in allen Kulturen besonders wichtig sind. So schreibt die Kulturwissenschaftlerin Christina Schurian-Bremecker: »Rituale sind wichtig, sie beeinflussen den Einschlafprozess des Kindes positiv.«[9] Aber nicht nur dem Kind tut solch eine Zeit gut, auch Eltern genießen das Zusammensein beim Singen, Erzählen, Schmusen und Beten. Außerdem ist das Gute-Nacht-Ritual für Mütter und Väter eine besonders gute Gelegenheit, sich ohne Hetze intensiv mit den Kindern zu beschäftigen. Man kann mit solch einem Ritual nicht früh genug anfangen. Je früher man anfängt, desto fester wird es zur Gewohnheit und umso einfacher ist es für die Kinder, sich auf diesen Tagesschluss einzustellen. Ist erst einmal etwas zur Gewohnheit geworden, dann ist es nicht schlimm, wenn es mal nicht klappt oder wenn ein verkürzter Ablauf stattfindet. Sollte unverhofft Besuch vor der Tür stehen, dann bittet man ihn zu warten, bis das Abend-Ritual beendet ist oder man nimmt ihn mit hinein. Wenn Freunde der Kinder da sind, dann lädt man sie ein, an den Ritualen teilzunehmen. Unsere Kinder hatten dabei keine Schwierigkeiten, und die Freunde waren auch gerne dabei. Eine Jugendliche: *»Wenn wir Besuch hatten, was oft der Fall war, wurde dieser nicht aus den ›Ritualen‹ ausgeschlossen, sondern mit hinein genommen als zeitweiliger Teil der Familie. Dies hatte die Folge, dass viele der Freunde von uns Kindern gern bei uns waren, weil sie sich zu Hause fühlten, da sie solch eine Familiengemeinschaft und Fürsorge der eigenen Eltern nicht kannten.«*

Jeden Abend zur gleichen Zeit, nach dem Abendessen, fand unser Tagesschlussritual statt. Unsere Kinder waren schon im Schlafanzug und bettfertig. Wenn der Papa zu Hause war, hat er am Abendritual teilgenommen.

Bei den Kindern bis sieben Jahren hatten wir folgenden Ablauf:

> • **Zuerst sangen wir Lieder mit Bewegungen, eventuell auch mit selbst gebastelten Instrumenten, dann haben wir einen Abschnitt aus der Bibel gelesen oder aus einem Andachtsbuch, und danach konnte jedes Kind Gebetsanliegen nennen, für die wir frei beteten.**

Als die Kinder älter waren, also ab etwa acht Jahren, haben wir den Ablauf etwas verändert und die Kinder stärker mit einbezogen:

> • **Wir begannen mit Singen. Die Kinder haben mit Gitarre oder Klavier mitgespielt. Toll war es, wenn sie schon vorher die Lieder herausgesucht hatten und sich abgesprochen haben, was gesungen wird. Anschließend hat ein Kind aus dem Buch »Gebet für die Welt« ein Land herausgesucht und daraus vorgelesen. Wir haben dann das Land auf dem Globus gesucht und darüber gesprochen und für dieses Land gebetet. Auch haben wir noch für uns bekannte Missionare und andere Leute gebetet, zu denen wir einen persönlichen Bezug hatten. Danach gab es eine Fortsetzungsgeschichte.**
>
> **Die Bücher, die wir vorgelesen haben, waren nicht nur aus dem christlichen Bereich, wir lasen auch**

gute andere Kinderbücher vor – wie Bücher von Astrid Lindgren, Erich Kästner u. a. Jeden Abend ein Kapitel. Aus der Bibel haben wir bei den älteren Kindern nicht mehr vorgelesen, weil die Kinder schon alleine die Bibel in Verbindung mit dem »Guten Start« gelesen haben.

Nach dem Tagesschluss gingen die Kinder sofort ins Bett. Als die Kinder größer waren, durften sie in ihrem Zimmer noch ein wenig aufbleiben. Jedes Kind wurde aber ins Bett gebracht, vielleicht noch kurz über das eine oder andere gesprochen, geschmust und Gutenachtkuss.

• Als die Kinder größer wurden, vielleicht so ab dem 12./13. Lebensjahr, fing es so langsam an, dass sie sagten: »Heute braucht ihr nicht zum Gutenachtsagen kommen.« Aber am anderen Tag war es wieder das gewohnte Ritual. Die Abstände wurden dann immer länger. Aber zwischendurch konnte es durchaus passieren, dass sie es wünschten, dass man sich zu ihnen ans Bett setzt und sich unterhält oder sie auch nur in den Arm nimmt und einen Gutenachtkuss gibt. Wir versuchten als Eltern sensibel zu sein und darauf zu achten, was die Kinder wünschten. Bei unserer Jüngsten war es so: Wenn sie uns gute Nacht sagte, dann merkten wir es schon am Ton, ob

wir noch zu ihr ans Bett kommen sollten oder nicht. Manches Mal kam noch ein leises: »Papa/Mama komm.« Dann wussten wir, dass sie möchte, dass ein Elternteil noch zu ihr ans Bett kommen sollte oder auch beide.
Familie Wilhelm und Barbara Faix

• Als unsere Kinder klein waren, haben wir abends, als sie im Bett lagen, mit ihnen gebetet und Geschichten vorgelesen. Jetzt, wo sie Teenager sind, beten wir nur noch mit ihnen vor den gemeinsamen Mahlzeiten.

Familie Karlheinz
und Gudrun Schmidt

• Wir machen mit Jowi (4 Jahre) jeden Tag den Tagesabschluss. Das läuft in der Regel so: Geschichte aus einem Buch, Gespräch über den Tag (meistens mit der Frage »Worüber hast du dich heute gefreut? Was war schön?«), Gebet, Abendlied.

Familie Samuel
und Claudia Baumann

• Wir lesen fortlaufend die Bibellese (hauptsächlich aus den Evangelien), dann lesen wir noch einen Abschnitt aus einer Missionsgeschichte oder aus einem anderen Kinderbuch, dann beten wir gemeinsam, danach ist Kuscheln angesagt und zu guter Letzt erfolgt der Gutenachtkuss.

Familie Alois und Elli Geisler

• Vor dem Schlafengehen singen wir 2 bis 3 Lieder, reden über den Tag, was sie im Kindergarten gehört haben und erklären und vertiefen eventuell noch etwas. Salome hat oft viele Fragen über Tod, Schöpfung, Jesus usw., über die wir reden. Wenn die Kinder nichts haben bzw. weniger, liest Tamara eine Gutenachtgeschichte vor oder ich erzähle eine biblische Geschichte. Dann sammeln wir Gebetsanliegen (meist für die kranke Uroma, Anliegen vom Kindergarten, z. B. kranke Kinder, Erzieherinnen und was sie am Tag erlebt haben). Wir beginnen dann mit einem vorformulierten Gebet (beten alle zusammen) und dann freies Gebet. Oft beten die Kinder dann auch frei.

Familie Simon und Tamara Bohn

Das Gebet spielt in vielen Familien eine wichtige Rolle. Beten lernen Kinder durch Beten, aber auch hier sind die Kinder verschieden, die einen sprechen ein frei formuliertes Gebet, die anderen nicht.

• Wie können wir Jowi (4 Jahre) das Beten noch näher bringen? Diese Frage beschäftigt uns. Wir schließen den Tag mit Gebet. Wir fragen die Kinder: Wer soll beten bzw. fragen Jowi ob sie beten will. Und meistens antwortet sie dann, dass wir beten sollen. Sie selbst betet eher selten. Wir erleben, dass dabei die Kinder ruhig werden und sie danach in der Regel gut einschlafen.

Familie Samuel und
Claudia Baumann

• Nach dem Abendessen wird aufgeräumt und wir schauen zusammen (wenn alle da sind) Sandmännchen im Kika. Danach geht es ins Bad zum Umziehen, Waschen und Zähneputzen. Sind die Kinder fertig fürs Bett, versammelt sich die Familie zur gemeinsamen Geschichte im Wohnzimmer, dabei darf sich jedes Kind ein Bilderbuch aussuchen, das dann vorgelesen wird. Danach knien wir alle vor dem Wohnzimmersessel nieder und beten gemeinsam. Nach dem Gebet rennen die Kids in ihre Betten, und wir richten noch etwas zu trinken für die Nacht. Darauf folgt das

Morgens, mittags, abends · Kinder lieben Rituale   29

Zudecken und der obligatorische Gutenachtkuss, das Licht geht aus und die Mama singt noch ein Wunschlied.

Bis hierher haben wir dieses Abendritual bewusst eingeführt und es erleichtert die schwierige Phase des Ins-Bett-Gehens ungemein, da die Kinder die einzelnen Phasen selbstständig durchführen und so daran gewöhnt sind, dass es oft wie von allein geht. Allerdings müssen wir zugeben, dass die Mädels das Abendritual selbstständig erweitert haben. Sobald das Lied gesungen und die Milch / das Wasser ausgetrunken sind, springen sie aus ihren Bettchen auf und rennen auf die Toilette zum »Pipi« machen. Erst danach geht es »endgültig« ins Bett.

Familie Tobias und Christine Faix

• Bei uns endet der Tag nach einem festen Ritual: Sandmännchen, Zähneputzen, Geschichte, Gebet, dann hoffentlich schlafen. Bei uns hat sich ein Gebetsritual entwickelt: Der Kleinste beginnt ein Gebet mit: »Lieber Herr Jesus«, meine Frau oder ich machen dann die Fortsetzung: wir danken für das Essen, dann fragen wir die Kinder, ob es noch etwas gibt, wofür wir danken sollen. Wenn sie etwas nennen, beten wir dafür, dann beendet der Ältere das Gebet mit Amen.

Familie Norbert und Katharina Lurz

• Zuerst haben wir gemeinsam Lieder gesungen, jeder durfte sich eins wünschen. Dann haben wir die Bibel gelesen. Meistens hat meine Mutter etwas aus der Bibel vorgelesen. Entweder das Losungswort oder ein paar Kapitel. Dann haben wir gebetet. Entweder nur meine Mutter oder der Reihe nach. Mal haben wir danach noch ein paar Lieder gesungen und mal auch nicht.

Ein Jugendlicher

• Für uns war es eine große Hilfe, den Abend folgendermaßen zu gestalten.

Wir machten einen Kreis mit Kissen oder Kinderstühlen in der Mitte des größten Kinderzimmers. In der Mitte stand eine Kerze, die wir anzündeten, den Raum dunkelten wir ab.

So war schon rein äußerlich eine Konzentration auf eine Mitte hin möglich und alle kamen sehr schnell innerlich zur Ruhe. Dann sangen wir Lieder, beteten, danach gab es eine Gute-Nacht-Geschichte.

Familie Ulrich und Cornelia Mack

• Eines unserer liebsten Rituale ist das Abendgebet. Wir singen zuerst das bekannte Lied »Müde bin ich, geh zur Ruh« und dann »sammeln« wir alles, wofür wir dankbar sein können und fügen auch Bitten für den nächsten Tag hinzu. Damit reflektieren wir den vergangenen Tag und richten den Blick schon auf das Morgen. Manchmal ergibt sich daraus noch ein gutes Gespräch und oft auch eine Atmosphäre und eine Vertrautheit, die im Rauschen des Alltags meistens untergeht.

Familie Imo
und Friederike Trojan

• Als unser ältestes Kind ein paar Wochen alt war, habe ich ein Lied für ihn (und die nachfolgenden Kinder) geschrieben. Der Text lautet: Simon, Simon, Gott hat dich lieb (2x). Ganz egal, was du tust, und egal, wie du dich fühlst, Gott hat dich lieb, Gott hat dich lieb, so lieb. Es hat eine ganz einfache, ruhige Melodie, und ich habe das Lied allen drei Kindern sehr sehr oft als Babys/Kleinkinder vorgesungen. Noch heute ist es das Gute-Nacht-Lied bei den zwei jüngeren, und als Simon (der sich ja eigentlich dafür schon zu groß fühlt) gerade einen großen Herzensschmerz zu verdauen hatte und in meinem Arm geweint hat, bat er mich neulich, ihm dieses Lied zu singen.

Ich dachte beim Singen oft, dass ich dieses Lied meinen Kindern so richtig ins Herz und Unterbewusstsein hinein singen will.

Außerdem beliebt war / ist (bei der Fünfjährigen) abends das Kinderkuschelgebet:
Komm, kuschel dich ganz nah an mich, dann spür ich dich und du spürst mich. Und grad so nah, wie ich bei dir, ist der liebe Gott auch hier. Und ich weiß, genau wie mich, liebt der liebe Gott auch dich.

Familie Jürgen und
Elisabeth Vollmer

Lied für meine Kinder   von Elisabeth Vollmer

Weitere Beispiele

Schon glänzt der goldne Abendstern,
gut Nacht, ihr Lieben, nah und fern.
Schlaft ein in Gottes Frieden.
Die Blume schließt die Augen zu,
der kleine Vogel geht zur Ruh,
bald schlummern alle Müden.

Du aber schläfst und schlummerst nicht,
dir, Vater, ist das Dunkel licht.
Dir will ich mich vertrauen.
Hab du uns alle wohl in Acht,
lass uns nach einer guten Nacht
die Sonne wieder fröhlich schauen.
Amen.

Müde bin ich, geh zur Ruh,
schließe meine Augen zu.
Vater, lass die Augen dein
über meinem Bette sein.

Hab ich Unrecht heut getan,
sieh es, lieber Gott, nicht an.
Deine Gnad und Jesu Blut
machen allen Schaden gut.

Alle, die mir sind verwandt,
Gott, lass ruhn in deiner Hand.
Alle Menschen, groß und klein,
sollen dir befohlen sein.

Kranken Herzen sende Ruh.
Nasse Augen trockne du.
Herr im Himmel, halte Wacht,
gib uns eine gute Nacht.

Essenszeiten

Die Lebensgewohnheiten unserer Zeit machen es immer schwerer, gemeinsame Essenszeiten zu finden. Solche gemeinsamen Essenszeiten gehören aber zu den wichtigsten Ritualen im Tagesablauf einer Familie. Über 80 Prozent der Bevölkerung hält gemeinsame Essenszeiten für notwendig, weil sie die Zusammengehörigkeit der Familie stärken.[10] Auch wenn es immer schwieriger wird, solche gemeinsamen Essenszeiten im Familienalltag einzurichten, sollte jede Familie nach Wegen suchen, wie dies in unterschiedlicher Weise möglich wird. Solche gemeinsamen Mahlzeiten, bei denen sich die ganze Familie um den Tisch versammelt, miteinander isst, redet, diskutiert, berichtet, austauscht, lacht, aber auch schon mal streitet, sind für das Familienklima außerordentlich bedeutsam. Auf diese Weise erlebt die Familie eine innige Zeit der Gemeinschaft und Begegnung. Einer erfährt vom anderen, wie es ihm geht, was er erlebt hat und was er noch vorhat. Auch Terminabsprachen können kurzfristig getroffen werden. Gemeinsame Mahlzeiten stärken das Zusammengehörigkeitsgefühl und kultivieren Benehmen und Tischsitten.

Das Einnehmen von gemeinsamen Mahlzeiten ist nicht in jeder Familie möglich, trotzdem sollte es angestrebt werden, wenigstens einmal am Tag und, wenn das nicht möglich ist, am Wochenende – vielleicht sogar als besonderes Ereignis (siehe dazu den Bericht von Familie Faix über das Wochenende S. 39).

Drei Berichte als Anregung:

• Vati stand um ca. 5.00 Uhr auf, kochte Tee und deckte den Frühstückstisch. Dann arbeitete er bis ca. 6.30 Uhr, während wir noch schliefen. Dann aßen wir gemeinsam bzw. wir kamen nacheinander zum Frühstück. Das Frühstück ging bis ca. 7.30 Uhr ohne gemeinsamen Abschluss, je nach dem, wann jeder weg musste. Der letzte, der noch aß, musste den Tisch abräumen. Samstagsmorgens haben wir gerne alle etwas länger geschlafen und anschließend gemütlich zusammen ausgiebig und lange gefrühstückt. Sobald es warm genug war, wurde das Frühstück auf die Terrasse verlegt – ein wunderbarer Start ins Wochenende, an den ich immer noch gerne denke.

Eine Jugendliche

• Eine unserer Traditionen in der Familie ist ab und zu das Bettfrühstück. Vor einigen Jahren kamen unsere Kinder an einem Sonntagmorgen auf die Idee, für Martin und mich das Sonntagsfrühstück als Überraschung vorzubereiten und uns an Bett zu bringen. Da wurde in der Küche gewerkelt, Kaffee gekocht, Brote geschmiert, die Eier brodelten länger als 10 Minuten auf höchster Stufe. Das Tablett wurde hergerichtet, Dekorationen mit Gurken und Tomaten wurden arrangiert, und selbst Blumen aus dem Garten waren auf dem Tablett zu finden. Jeder der fünf hatte seine eigenen Ideen und hielt etwas anderes für wichtig. Die Unruhe, die wir bis in unser Schlafzimmer mitbekamen, steigerte sich

noch, als sich die Bande vor unserer Zimmertür versammelte und sie sich nicht einig werden konnten, wie der weitere Ablauf des Frühstücks auszusehen hatte: wer als erstes das Zimmer betreten durfte und wer uns dann wohl wecken dürfte. Dabei konnten wir uns nur mit Mühe und Humor zurückhalten, wenn wir an das zurückgelassene Chaos in der Küche dachten. Schlussendlich wurde die Tür aufgerissen und alle stürmten gleichzeitig hinein. Dann hatten wir so einen Spaß und Freude, dass wir die steinharten Eier, den sehr durchsichtigen Kaffee und auch das herunter gefallene Nutellabrot mit Humor nehmen und genießen konnten. Unser Ehebett war total überfüllt, anschließend sehr krümelig und fleckig – aber wofür hat man denn eine Waschmaschine? Den Spaß, die Gespräche und das anschließende Herumalbern entschädigten uns für alles. Und sogar heute noch, auch wenn die Kids inzwischen viel größer sind, wesentlich längere Beine haben und nicht mehr alle auf einmal ins Ehebett passen, werden wir noch hin und wieder am Sonntagmorgen verwöhnt. Dann werden mit dem Frühstück gleich Stühle mitgeliefert. Die werden ums Bett herum platziert. Der Kaffee ist mittlerweile 1a, die Eier schön wachs-weich, manchmal gibt es sogar frische Brötchen, da eines der Mädchen schon selbst Auto fährt. Also, ein insgesamt echt klasse Frühstück zu siebt im Elternschlafzimmer. Nur das Bett ist anschließend nach wie vor krümelig, und ein Arbeitstag für die Waschmaschine steht an, aber … das ist es uns immer wert!

Familie Martin und Ute Padur

Ulrike Haist leitet gemeinsam mit ihrem Mann Hans-Martin die heilpädagogische Jugendhilfeeinrichtung Sonnenheim, in der derzeit 19 Kinder und Jugendliche teilweise über viele Jahre ein Zuhause haben. Sie berichten, wie sie in dieser Großfamilie das Miteinander beim Mittagstisch geregelt haben:

• Der Tisch ist immer jahreszeitlich schön geschmückt. Aber auch Geburtstage und christliche Feste zeigen sich auf dem Tisch.
Es gibt eine Tischglocke, mit der die Kinder gerufen werden. Dieses Ritual dient der Verinnerlichung und bewirkt Sicherheit: ich werde gerufen, ich gehöre dazu, jetzt ist das Signal zum Essen, Zusammensein, zum Sitzen.

• Vor dem Essen – Hände waschen nicht vergessen.

• Wir beten und halten inne und danken Gott. Es ist nicht selbstverständlich, dass wir so gut versorgt sind.

• Wir beginnen gemeinsam, und es wird am Mittag auf bestimmte Art geschöpft – die Teller werden im Kreis herum gereicht, und am Ende schließt sich der Kreis. Jede und jeder hilft mit und ist beteiligt. Es kommt auf jeden an, es gehört jede und jeder dazu.

• Wir beginnen erst, wenn alle etwas auf dem Teller haben. Wir beginnen gemeinsam und zeigen damit Solidarität und achten auf den anderen.
Es wird erst nachgeschöpft, wenn alle mit dem ersten Teller fertig sind.

• Nach dem Essen gibt es eine so genannte »Mittagsrunde«, bei der jede und jeder sagt, was er oder sie vorhat, zu tun hat, welche Termine anstehen, was zu bedenken ist: »Also, ich trage jetzt meinen Teller raus, putze dann die Zähne, mache Hausaufgaben, gehe ins Fußball …« Dabei kommen auch die Kleinen zu Wort. Die »wortschwächeren« Kinder erleben, dass geduldig gewartet wird, bis sie sich formuliert haben. Die langsamen dürfen langsam sein und haben Raum, und gleichzeitig bekommen sie die Rückmeldung, dass sie üben sollen. Die »Lauten« lernen zuzuhören und ihre Stimme zu senken. Jede und jeder ist wichtig, hat ihren/seinen Platz.

• Überhaupt »einen Platz haben«: Bei uns in der Familie wird der Ältesten zuerst geschöpft, dann der Zweitältesten usw. Auch die Rangfolge zeigt sich durch Rituale und hat eine gute systemische Ordnung. Die Größeren haben mehr Rechte, aber auch mehr Pflichten.

• Hausaufgaben nach dem Essen werden ohne Musik und sonstige Ablenkungen gemacht. Es gibt einen bestimmten Zeitpunkt, ab dem auch die Erwachsenen sich nicht mehr durch Telefon oder Besucher oder Kollegen ablenken lassen. Es gibt einen klaren Beginn und ein klares Ende.

• Beim Mittagessen wird außerdem besprochen, wer heute welche Aufgabe im Haushalt übernimmt. Die Aufgaben sind altersentsprechend. Der Ämterplan erfolgt nach einem bestimmten Ablauf, nach Altersstufe eingeteilt, zu einer bestimmten festgelegten Zeit, mit klarem, durchsichtigem Konzept.

Dadurch fühlt sich jede und jeder mitbeteiligt und wirksam.

• Beim Essen sind Gespräche erwünscht. Wenn es zu laut wird, gibt es auch mal ein paar Minuten Stille, oder es spricht nur noch eine oder einer.

Das Wochenende

Das gesellschaftliche Leben ist komplex, vielfältig und unübersichtlich geworden. Der Alltag ist von Stress gekennzeichnet. Es gibt so viele Aufgaben, Termine und Pflichten an den Arbeitstagen, dass oft wenig Zeit für ein ruhiges Miteinander in der Familie bleibt. Besonders Väter haben während der Woche selten Zeit für ihre Kinder, und berufstätige Mütter leiden darunter, dass sie sich wenig Zeit für ihre Kinder nehmen können. Aus diesem Grunde gewinnt das Wochenende an Bedeutung. »Das Wochenende gehört der Familie.« Mit diesem Slogan warben Politiker und Gewerkschafter für den freien Samstag. Aber gehört das Wochenende wirklich der Familie? Umfragen haben ergeben, dass sich viele Eltern wünschen, mehr Zeit für die Kinder zu haben, aber Wunsch und Wirklichkeit klaffen weit auseinander. Das Wochenende ist mit so vielem gefüllt, dass die Kinder oft hinten anstehen (an 13. Stelle kommt die Beschäftigung und das Spielen mit Kindern, während an erster Stelle das Fernsehen steht). Das zeigt, dass es nicht selbstverständlich ist, dass das Wochenende für die Familie genutzt wird. Es ist darum wichtig, dass Eltern sich genau überlegen, was am Wochenende alles zu tun ist und wie der Wunsch – mehr für die Kinder da zu sein – auch Wirklichkeit wird. Besonders Väter, die während der Woche kaum Zeit für die Kinder haben, sind gefordert, darüber nachzudenken, wie sie sich intensiver ins Familienleben am Wochenende einbringen können.

Wenn sich die Eltern am Sonntag zurückziehen, weil sie sich ausruhen und erholen wollen, empfinden Kinder den Sonntag als langweilig, weil sie nicht das machen dürfen, was sie wochentags gewohnt sind. So berichtet ein Jugendlicher: *Sonntags durften wir vieles nicht. Wir mussten uns ruhig verhalten, weil es sich so gehört. Der Sonntag war dann auch besonders **langweilig**. Interessant war er nur, wenn Besuch kam und wir spielen durften.*

In den nachstehenden Berichten finden Sie Anregungen für die Wochenendgestaltung.

• Das Wochenende hatte bei uns in der Familie immer einen besonderen Platz. Es fing immer mit dem Samstagnachmittag an. Der Samstag war »Arbeitstag« für die Familie. Rasen mähen, Unkraut jäten, Auto waschen, Wohnung putzen, Zimmer aufräumen, Tiere (Hase, Vögel, Hamster, Meerschweinchen) pflegen und sauber machen u.a.m. Die Kinder waren voll beteiligt, nicht nur mit Aufräumen ihrer Zimmer, sondern auch im Mithelfen bei den anderen Arbeiten, natürlich dem Alter angemessen. Nach getaner Arbeit wurde geduscht oder ausgiebig gebadet.

Dann gab es ein gemeinsames Abendessen. Irgendwie hatte es sich eingebürgert, dass es selbstgebackene Pizza gab, die allen ausgezeichnet schmeckte. Auch der Abend wurde gemeinsam gestaltet, entweder wurde gespielt oder auch gemeinsam ferngesehen. Natürlich durften die Kinder länger aufbleiben. Der Sonntag begann mit einem gemeinsamen Frühstück im Wohnzimmer. Das Besondere war, dass es am Sonntag ein gekochtes Ei zum Frühstück gab. Als die Kinder von einer Erzieherin im Kindergarten gefragt wurden, woran man denn erkennt, dass es Sonntag ist, rief unsere Sara: »Weil es ein Ei zum Frühstück gibt.« Nach dem Frühstück ging die ganze Familie in den Gottesdienst, die Kinder in den Kindergottesdienst. Nach dem Mittagessen und einer kleineren Mittagspause haben wir als Familie gemeinsam etwas unternommen. Als die Kinder größer waren, haben wir sie gefragt, was sie sich wünschen, oder wir haben ihnen verschiedene Vorschläge gemacht und sie durften auswählen. Der Sonntagabend schloss mit dem üblichen Abendritual. Das besondere daran war, dass an diesem Tagesschluss der Papa immer dabei sein konnte. Auch wenn die Kinder Besuch hatten, haben wir am Ablauf des Wochenendes festgehalten. Die »Gastkinder« haben gerne mitgemacht, besonders Kinder, die diesen Ablauf nicht kannten. Am Samstagabendessen haben wir auch noch festgehalten (auf Wunsch der Kinder), als die Kinder schon Jugendliche waren. Manches Mal brachten sie Freunde mit, die sich beteiligten.

Wir trafen uns auch mit Freunden oder Verwandten und haben gemeinsam etwas unternommen. Kinder lieben es, wenn andere Kinder und ihre Väter und Mütter bei Unternehmungen dabei sind.

Durch die andere Familie (oder Familien) kommen neue Ideen und Anregungen dazu, und gemeinsame

Unternehmungen mit anderen Familien machen meistens noch mehr Spaß.

Familie Wilhelm
und Barbara Faix

• Mein Mann und ich sind 34 Jahre alt und haben zwei Töchter im Alter von 6 und 7 Jahren. Unser Familienritual besteht darin, dass wir den Freitagabend »zelebrieren«. Mein Mann bereitet ein »besonderes« Essen zu (Pizza, überbackene Toasts o. ä.). Wir spielen Karten, Kniffel oder andere Gesellschaftsspiele oder sehen uns einen lustigen Videofilm an. Hin und wieder besuchen wir auch eine Kirmes oder ein Stadtfest. Entstanden ist dieses Ritual dadurch, dass mein Mann und ich vor unserer Heirat vor 9 Jahren eine Wochenendbeziehung führen mussten. So war der Freitagabend für uns ein Fest, weil wir nach 5-tägiger Trennung wieder zusammen waren. Vor etwa zwei Jahren wurde der Ehe-Abend zum Familienabend (weil wir die Kinder nicht mehr um 19.00 Uhr ins Bett bringen konnten). Wir empfinden diesen Abend wie einen Urlaub vom Alltag. Die gemeinsam erlebte positive Zeit stärkt unser Zusammengehörigkeitsgefühl, und in konfliktreichen Zeiten ist es eine Gelegenheit, einander wieder näher zu kommen. Hin und wieder wollen die Kinder lieber bei einer Freundin oder bei uns mit einer Freundin übernachten. Dann lassen wir sie das tun und versuchen für uns das Beste draus zu machen.

Familie
Doris Weber

• Am Samstagabend wird bei uns, wenn möglich, mit einer Samstagabendandacht die Woche abgeschlossen. Wir zünden eine Kerze an und singen ein Wochenschlusslied aus dem Gesangbuch (EG 677: »So ist die Woche nun geschlossen«, nicht gerade kindgerecht, aber das Beste, was wir fanden). Dann tragen wir zusammen, was wir Schönes in der Woche erlebt haben und wofür wir danken können. Anschließend beten die Kinder und Eltern der Reihe nach, der Vater spricht den Segen und jedes Kind sagt seinen Taufspruch auf. (Gebet, Segen und Taufspruch gehören auch zum üblichen Abendritual für jedes Kind an seinem Bett.) Wenn die Kinder nicht zu müde sind, singen wir auch noch mehr Lieder und lernen noch den Wochenspruch der kommenden Woche und erklären ihn. Da unsere Kinder einen relativ großen Altersabstand haben (drei Jahre), ist es manchmal nicht einfach, diese

Zeiten so zu gestalten, dass es für alle Kinder gleichermaßen interessant ist. Manchmal gehen die Kleinen auch schon zu Bett. Gelernt haben wir, dass wir rechtzeitig anfangen müssen und die Kinder schon den Schlafanzug anhaben sollten, damit sie anschließend gleich ins Bett können.

Familie Markus
und Claudia Printz

• Samstags: Brötchen holen zum Frühstück, Besprechung des gemeinsamen Hausputzes: Was muss geputzt (Fenster, Küche, Treppe, WC etc.) und sonst erledigt werden (Einkauf, Glascontainer etc.), welches Festessen ist heute dran, wenn alles fertig ist, entweder zum Holen (Döner, Pizza etc.) oder zum selbst machen (Pfannekuchen, Kässpätzle etc.)? Zwei Gruppen werden mit Aufgaben versorgt (gemeinsam erstellte Laufzettel) und legen dann los. Beim abschließenden Mampfen wird dann gemeinsam besprochen, was gut oder weniger gut war.

Familie Stephan und
Claudia Ellinger

• Unsere Kinder sind ja mit 4, 7 und bald 9 Jahren noch relativ klein. Dennoch legen sie Wert auf ihnen lieb gewordene Gewohnheiten: So werden bei uns jeden Samstag Brötchen geholt. Der einzige Tag, an dem es Brötchen gibt. Da darf dann auch die Nuss-Nougat-Creme nicht am Frühstückstisch fehlen. Unter der Woche leben wir etwas gesünder. Schon das Fahren zum Bäcker ist ein Ereignis, da man dort für sein Taschengeld etwas Süßes kaufen darf – wir haben in unserem Wohnort keinen Laden.
Dann spendiert die Bäckerin jedem Kind noch eine Brezel. So ist der Samstagmorgen für unsere Kinder immer ein kleines Fest.
Auch der sonntägliche Gottesdienstbesuch ist ein fester Bestandteil unseres Familienlebens – bislang gehen sie immer noch gerne hin. Der Höhepunkt des Samstagabends ist derzeit die Vorabendserie »Unser Charlie« oder »Robbie«. Unter der Woche wird bei uns kein Fernsehen geguckt – außer es ist Dauerregen, dann gibt's ausnahmsweise mal ein Kindervideo. Gegen 18.00 Uhr geht's dann zum Baden und Haarewaschen. Anschließend frische Schlafanzüge, und alle kuscheln zusammen unter einer großen Decke auf dem großen Sofa – und dann: Kiste an. Und in der Werbepause wird gekitzelt, was das Zeug hält.

Familie Silke Distler

Sonntagsritual:

• Als unsere vier Kinder klein waren, haben wir den Sonntagmorgen in besonderer Weise gestaltet. Auf dem Tisch standen drei Kerzen. Vor dem Frühstück zündeten wir diese der Reihe nach an.

Die erste Kerze war die Danke-Kerze. Wir sammelten nochmals, wofür wir in der Woche dankbar waren.

Die zweite Kerze war die Bitte-Kerze. Wir baten Gott für das, was in der nächsten Woche an wichtigen Dingen anstand.

Die dritte Kerze war die Segens-Kerze. Die Kinder bekamen den Wochenspruch auf einem Kärtchen überreicht und durften ihn während der Woche am Bett aufstellen.

Familie Ulrich
und Cornelia Mack

3. Erziehungsrituale

Erziehungsrituale

Ein geregelter Tagesablauf kann Eltern wie Kindern helfen, sich an Absprachen zu halten, Rücksicht zu nehmen und Regeln zu akzeptieren.
Damit werden die Grundlagen für Selbstständigkeit gelegt. Wenn die Mutter beim Kleinkind eine feste Spielzeit nach dem Mittagessen einführt, dann wird diese Zeit zu einer Gewohnheit, und die Mutter kann in dieser Zeit einen Mittagsschlaf halten oder in Ruhe eine Tasse Kaffee trinken oder lesen oder auch etwas arbeiten. Das Kind lernt auf diesem Weg, dass die Mutter auch eigene Bedürfnisse hat, die es zu respektieren gilt. Gleichzeitig lernt das Kind sich selbst zu beschäftigen und Kreativität zu entwickeln. Es ist darum wichtig, dass es Zeiten gibt, in denen sich die Mutter (der Vater) konzentriert dem Kind widmet und wieder andere Zeiten, in denen das Kind sich alleine beschäftigt. Das gilt besonders für Mütter, die um des Kindes Willen zu Hause sind. Viele Mütter fühlen sich vom Kind total beschlagnahmt. Sie sind mit sich und der Welt unzufrieden, weil sie das Gefühl haben, immer nur für das Kind da zu sein und selbst leer auszugehen. Kinder solcher Mütter leiden leicht unter dem Gefühl, nicht so wichtig und nicht so wertvoll zu sein, denn ihr Selbstwertgefühl wird nicht genährt.

Zu jedem Familienleben gehören Erziehungsregeln, an die sich die ganze Familie zu halten hat. Dabei sollte darauf geachtet werden, dass es nicht zu viele Regeln gibt. (Man sollte auf jeden Fall der Versuchung widerstehen, alles regeln zu wollen, das klappt bestimmt nicht.) Als Faustregel kann gelten: So wenig Regeln wie möglich, aber diese so klar wie möglich.

Familienregeln

Kinder brauchen Klarheit darüber, was Eltern wichtig ist und worauf sie besonderen Wert legen. Da nicht alle Regeln gleich wichtig sind, muss das Kind wissen, was von den Eltern toleriert wird und was nicht. Abgesprochene Regeln machen das Miteinander berechenbar. Das Kind weiß, woran es ist und was es zu tun und zu lassen hat. Jedes Kind wünscht sich Eltern, die berechenbar und zuverlässig sind und abgesprochene Regeln auch ernst nehmen. Regeln geben dem Kind Sicherheit und Geborgenheit und stärken das Vertrauen ins Miteinander. Es sollte darum nicht viele Regeln geben. Lieber wenige Regeln, diese aber klar und eindeutig, statt viele, an die sich kaum jemand hält. Regeln sollten dem Alter des Kindes angepasst sein. Kinder sind keine Maschinen, die immer funktionieren. Regeln können sich deshalb auch verändern. Neu abgesprochene Regeln müssen immer wieder eingeübt werden. Dazu brauchen Eltern Geduld, aber auch eine Portion Humor.

Knips-Wörter:

- Es gab Wörter, die wir in unserer Familie nicht wollten. Wörter, mit denen Kinder – und manchmal auch Erwachsene – sich gegenseitig beschimpfen, wenn sie wütend sind. Diese Worte nannten wir »Knips-Worte«. Wer immer ein solches Schimpfwort ausgesprochen hatte, der musste sich selbst auf den Mund »knipsen«, indem er mit dem Zeigefinger und dem Daumen der rechten Hand ein O bildete, wobei der Zeigefinger innen war. Der Zeigefinger schnalzte dann mit Druck auf den Mund. Dabei war es wichtig, dass die Kinder, wenn möglich, sich selbst »knipsen« und nicht wir sie. Es ging mehr um eine fühlbare Erinnerung daran, dass dieses Wort unerwünscht war, als um eine schmerzhafte Strafe. Oft haben sich die Kinder untereinander »erzogen« und bei Schimpfwörtern das »Knipsen« eingefordert.

Familie Hermann und Friederike Klenk

Morgens, mittags, abends · Kinder lieben Rituale

»Hände auf den Rücken« ...
(für Kinder zwischen 2 und 6 Jahren):

• Wenn ich mit den 2-, 3- oder 4-Jährigen einkaufen ging, machten wir vor dem Supermarkt aus, dass sie »alles anschauen«, aber nichts anfassen dürfen. Als Zeichen dafür legten sie die Hände auf den Rücken, durften aber allein durch den Laden gehen. Wenn die Versuchung zu groß wurde, dann brauchte ich oft nur zu erinnern: »Anschauen – aber Hände auf den Rücken ...«

Familie Hermann
und Friederike Klenk

Mittagspause
(für Mutter und Kinder ab 3 Jahren):

• Jeden Tag nach dem Mittagessen ist eine Pausezeit von ca. 45 Minuten. In dieser Zeit kann die Mutter selbst sich hinlegen und ausruhen oder eine Arbeit gezielt fertig machen, während die Kinder im Zimmer leise spielen oder Kassette hören. Dazu wird die Zimmertür zugemacht. Besonders schön ist es, wenn man eine Hängematte aufhängen kann, so dass Kinder hineinklettern können und schaukeln, singen und kuscheln. Zur Eingewöhnung haben wir einen Kurzzeitwecker benützt und mit 20 Minuten begonnen. Dabei war abgesprochen: Wenn der Wecker klingelt, darf die Tür wieder geöffnet werden.

Familie Hermann
und Friederike Klenk

• Alle zwei, drei Monate steht ein Essen-Geh-Termin fest, an dem Mama und Papa z. B. zum Italiener gehen und sehr gerne Kinder mitnehmen, wenn sie bewiesen haben, dass sie anständig essen können. Dazu hängt über dem Esstisch eine Leiter, auf der sich Figuren der Kids aufwärts bewegen, je nach dem, ob das Benehmen beim Essen gut war. Ist die Figur zum vereinbarten Termin oben, kann das Kind mitgehen. Die Punktevergabe abends: Jedes Kind hat einen Kanon an Aufgaben, die es jeden Tag zu erledigen hat (z. B. Windeleimer runter bringen, Waschbecken sauber halten, Zimmer aufgeräumt haben etc.) und die abends kontrolliert werden. Gemeinsam können die beiden Großen 4 Punkte pro Tag machen, die auf ein großes Blatt eingekreuzt, aufgeklebt oder gemalt werden. Wenn eine gemeinsam vereinbarte Punktezahl erreicht ist, kann entweder weiter gesammelt (z. B. bis zum Kinobesuch) oder die Aktion eingelöst werden (z. B. das Lagerfeuer mit Würstchengrillen).

Familie Stephan
und Claudia Ellinger

Fernsehregeln

(wurden mit den Kindern besprochen, als sie 10 und 12 waren, davor hatten wir keinen Fernseher):

- Zuerst Schul- und Haushaltspflichten.
- Fernsehprogramm darf unseren Tagesablauf nicht diktieren.
- Kein Nörgeln wegen einer Sendung, die die Kinder sehen wollten, wenn es aus irgendeinem Grund nicht geht (sonst kommt Gerät weg).
- Inhalt musste sich an Philipper 4,8 ausrichten (wahr, ehrbar, rein, wohllautend). So kamen Sport- und Natursendungen, Rätselsendungen (wie Millionenshow), gute Kinderfilme etc. in Betracht.

Jetzt, wenn die Kinder 17/18 Jahre alt sind, müssen sie selbst ihre Verantwortung wahrnehmen und entscheiden, was sie schauen. Wir als Eltern können sie aber auf ihre Verantwortung hinweisen.

Alois und Elli Geisler

• Fernsehen darf Jowi (4 Jahre) einmal am Tag (Sandmann). Macht sie fast jeden Tag. Und vielleicht 1-2-mal die Woche eine halbe Stunde »Heidi«.

Da sie sehr wenig fernschaut, ist sie auch sehr sensibel für das, was kommt. Sie möchte zum Beispiel eine Heidisendung, bei der der Opa oft böse geschaut und geredet hat, nicht mehr sehen, genauso wie eine Serie von »Lars, der kleine Eisbär«, bei dem ein Schlittenhund ganz jämmerlich nach seiner Mama schreit.

Samuel und Claudia Baumann

Kinder zur sinnvollen Mithilfe im Haushalt zu gewinnen, ist nicht immer leicht. Hier eine Anregung:

• Zu den kleinen Pflichten meines fünfjährigen Sohnes gehört es, Socken und Strümpfe nach dem Waschen und Trocknen paarweise zu sortieren. Unter dem von mir erfundenen Namen »Socken-Memory« macht diese Hilfe sogar Spaß. Geht es dieses Mal auf – oder bleibt wieder ein einzelner Strumpf übrig? Manchmal machen wir auch ein Wettspiel draus: Wer ist eher fertig – er mit dem Sortieren oder ich mit dem Zusammenlegen der anderen Wäsche?

Familie Ulrich und
Christine Althöfer

Grenzen und Freiheit – Spieleschrank:

• Ein Dauerbrenner war in unserer Familie das Thema: Aufräumen. Immer wieder standen wir als Eltern in einem Kinderzimmer, das nach zwei Stunden Spielen einem Schlachtfeld glich, mit dessen Beseitigung die Kinder überfordert waren. Nachdem es deshalb immer wieder Frust auf beiden Seiten gegeben hatte, fanden wir die Lösung in einem Spieleschrank. So finden sich in unseren Kinderzimmern bis auf Bilderbücher, Malpapier und Stifte keine Spielsachen, sondern diese sind in besagtem Spieleschrank im Flur untergebracht. Immer eine Kiste können sich die Kinder aussuchen (z. B. Duplo oder Holzeisenbahn oder Playmobil), und wenn diese wieder einsortiert ist, gibt es eine andere Kiste oder ein Gesellschaftsspiel. Dadurch, dass nun alles, was herumliegt, in eine Kiste gehört und die Kinder, wenn sie etwas anderes möchten, auch zum Aufräumen motiviert sind, ist dieser Konfliktpunkt weitgehend gelöst. Mit der Freiheit, alle Spielsachen greifbar zu haben, konnten sie offensichtlich noch nicht umgehen, und die Begrenzung auf eine Sache zum Spielen tut ihnen gut. Ein positiver Nebeneffekt ist, dass in den Kinderzimmern mehr Spielfläche vorhanden ist.

Simon (8 Jahre) fällt es immer wieder schwer, sein Zimmer aufzuräumen. Nachdem er nach zwei Stunden noch nicht entscheidend weiter gekommen ist, weil er sich immer wieder durch Spielen oder Lesen hat aufhalten lassen, stelle ich ihm den Wecker. Er hat nun noch eine halbe Stunde zum Aufräumen und Saugen, ansonsten werde ich (Elisabeth, 32 Jahre) alles, was herumliegt für eine Woche in einer Kiste verstaut weg

tun. Eine viertel Stunde später ist das Zimmer aufgeräumt und gesaugt. Als Jürgen (39 Jahre) nach Hause kommt, erzähle ich, wie es gelaufen ist. Simon meint dazu: »Du hättest mir früher den Wecker stellen sollen. Dann hätte ich es gleich so schnell geschafft.«
Familie Jürgen und Elisabeth Vollmer

ist, sie zu vermitteln – nämlich sie zu leben und zu beten, dass die Kinder diese für sich annehmen.
Familie Jürgen und Elisabeth Vollmer

Ehrlichkeit:

• Vergebungsbereitschaft, Ehrlichkeit und Verlässlichkeit versuchen wir offen mit den Kindern zu leben. Wir entschuldigen uns, wenn wir an einem Kind schuldig wurden und erwarten das auch von ihnen. Ein »Ich verzeihe dir« und das Erleben, dass es dann auch wirklich gut ist, ist uns sehr wichtig.

Ehrlichkeit soll sich lohnen, das heißt, wenn ein Kind ein »Verbrechen« von sich aus zugibt, fällt die Konsequenz milder aus, als wenn es versucht, die Sache zu vertuschen. Wir mühen uns, in unserem eigenen Verhalten transparent und ehrlich zu sein und versuchen bei Prahlerei der Kinder einerseits korrektiv, aber auch barmherzig damit umzugehen. Ebenso wollen wir auch selbst verlässlich sein und denken, dass es bei den Werten insgesamt die einzige »Methode«

Morgens, mittags, abends · Kinder lieben Rituale 49

Ernährung

Nichts verbindet eine Familie so sehr wie die gemeinsamen Mahlzeiten, bei denen man miteinander um den Tisch sitzt und sich am Essen freut. Es ist wichtig, gemeinsam zu beginnen und abzuschließen und dann die Zeit um den Tisch miteinander zu nutzen, um sich zu unterhalten und sich über Fragen und Erlebnisse auszutauschen. Beim Essen öffnen wir uns nicht nur für die Nahrungsaufnahme, sondern auch für die Gemeinschaft mit denen, die mit uns um den Tisch sitzen.

Je älter Kinder werden, desto schwieriger ist es aufgrund der vielen Verpflichtungen und Termine der Kinder, gemeinsame Mahlzeiten zu erleben. Darum ist es wichtig, dass wir auch auf die Terminabsprache bei den Essenszeiten Wert legen, damit die gemeinsamen Tischzeiten in einer Familie solange wie möglich beibehalten werden können.

Ebenso wichtig ist, dass beim Essen von Anfang an eine zwanglose und fröhliche Atmosphäre herrscht. Das Essen darf nicht zur Leistung werden in dem Sinn: »Wenn du aufisst, bist du ein braves Kind, dann mögen wir dich.« Und: »Wenn du nicht aufisst, dann sind wir ärgerlich auf dich.« Solche Verhaltensmuster sind der beste Nährboden für Ess-Störungen.

Süßigkeitenritual:

- Als unsere Kinder noch klein waren, hatte ich das Problem, dass sie immer sehr viel Süßigkeiten von Mitgliedern der Gemeinde geschenkt bekamen (mein Mann ist Pfarrer) und sich mit diesen vollstopften. Wenn es dann Essen gab, waren sie schon satt und aßen nur wenig, hinterher hatten sie dann schnell wieder Hunger und griffen wieder zu den Süßigkeiten.

- Von einer befreundeten Familie mit sieben Kindern bekam ich einen guten Tipp: Alle Süßigkeiten kommen in eine große Schachtel. Aus dieser Schachtel darf sich jedes Kind nach dem Mittagessen (oder am Nachmittag) etwas holen. Das reicht dann – mehr Süßigkeiten gibt es nicht am Tag. Von da an hatten wir keine Probleme mehr mit den Süßigkeiten.

- Vor Ostern sammelten sich oft bis zu 30 Osterhasen in unserer Familie (alles Geschenke). Diese wurden namentlich beschriftet (wem gehört der Hase) und alle bis Ostern aufgehoben – in der Fastenzeit gab es keine Schokolade –, d. h. auf einem Schrank in unserer Küche in Reih und Glied aufgestellt. Nach Ostern wurden diese dann geschlachtet – immer nach dem Mittagessen holten wir uns einen Hasen. Das Kind, dem der Hase gehörte, durfte den Hasen dann in sechs gleiche Teile teilen (manchmal haben wir spaßeshalber eine Briefwaage zu Hilfe genommen) und dann an die einzelnen Familienmitglieder verteilen. Niemand kam zu kurz. So lernten die Kinder von Anfang an auch, dass Teilen Spaß macht.

Familie Ulrich
und Cornelia Mack

»Schweinchenessen«
(für Kinder ab 5 Jahren):

- Wir erwarteten von unseren Kindern, dass sie Messer, Gabel und Löffel benutzten und bei Tisch sitzen blieben, bis die Teller aller Kinder leer waren. Danach durften sie aufstehen. Aber ein- oder zweimal im Jahr gab es als Ausgleich dafür ein »Schweinchenessen« mit Spagetti mit Tomatensoße. Sie durften dabei essen, wie sie wollten. Mit den Händen, mit dem Mund im Teller, einzeln, die Spagetti schlürfend, schmatzend usw. Alles war erlaubt – nur nicht mit Essen herumzuwerfen. Meist aßen sie mit freiem Oberkörper, genossen die »Sauerei« und gingen anschließend in die Dusche.

Familie Hermann
und Friederike Klenk

»Prinzessinnen-Essen«
(für Kinder ab 5 Jahren):

• Wenn ich sehr müde und erschöpft war oder eines der Kinder übermüdet war oder Kummer hatte, dann durften sie sich »Prinzen/ Prinzessinnen-Essen« wünschen. Dazu gehörte, dass sich das Kind bettfertig machte und wusch und ich ein besonders leckeres Essen auf einem Tablett zubereitete, das dann im Bett gegessen werden durfte. Meist durften sie sich etwas wünschen (ein wachsweiches Ei, Spiegelei, Honigbrot, Grießbrei, Schokoladenpudding usw.). Dabei war ich »die Bedienung« und er/sie »der Prinz/die Prinzessin«.

Familie Hermann
und Friederike Klenk

Das Badewannenpicknick
ist bei unseren Kids (10, 8, 5) ein absolutes Highlight:

• Ich serviere ihnen belegte Brötchen auf einem Stuhl vor der Badewanne. Seit sie einmal mitbekommen haben, dass ich bei Kerzenschein und Musik gebadet habe, hat sich das Programm um Kerzenschein und Jim-Knopf-Kassette-Hören erweitert. Sie sind selten so friedlich vereint wie bei diesem »Familienritual«.

Familie Jürgen und
Elisabeth Vollmer

»Stiller Stuhl« (ab 3 Jahre):

• Wenn Kinder während der Mahlzeiten von ihrem Stuhl ständig absteigen, herumhopsen, wieder hochklettern und herumzappeln und auch dreimaliges Ermahnen nichts fruchtet, dann ist der »stille Stuhl« dran. Dazu müssen sie eine Minute ganz ruhig auf ihrem Stuhl sitzen. Gelingt das, dann können sie bei Tisch bleiben und weiter essen. Wenn nicht, werden sie rausgeschickt und sind fertig mit dem Essen.

Familie Hermann und
Friederike Klenk

• Dieses Sauberkeitsritual führte ich ein, als unsere Kinder noch klein waren: Nicht nur vor dem Essen sollten sie sich die Hände waschen, sondern auch danach. So wurde es vermieden, dass sie ihre klebrigen oder fettigen Händchen (je kleiner die Kinder, desto mehr mit Essensresten behaftet) an Kleidung, Spielzeug oder gar Möbeln abwischten. Dies erlebte ich leider oft, wenn ich andere Familien mit Klein- und größeren Kindern besuchte.
Unser Ritual wurde so zur Gewohnheit, dass unsere drei Töchter es bis jetzt beibehalten haben. Sogar im Restaurant verschwinden sie unauffällig nach dem Essen im Wasch-

raum (sie sind jetzt 15, 17 und 20 Jahre alt). Sie fühlen sich damit wohler. Ich denke nicht, dass dies ein krankhafter Reinlichkeitsfimmel ist, denn wenn mal kein Wasser da ist, z. B. auf Reisen oder bei einer Wanderung, geht es auch ohne.

Familie Gerda Mittmann

Hausaufgaben

Hausaufgaben sind für viele Kinder ein Problem. Auch hier kann eine einfache Regelung, die zum festen Ritual wird, eine Hilfe sein.

Wir werden auch immer wieder gefragt, warum Kinder ihre Hausaufgaben nicht in der Küche machen sollen. Der Grund ist, dass sie in der Küche durch die Tätigkeit der Mutter oder wenn jemand anderes in die Küche kommt, abgelenkt werden. Manche Mütter setzen sich zum Kind und versuchen über ihre Gegenwart das Kind dazu zu veranlassen, die Hausaufgaben zu machen. In den meisten Fällen klappt es nicht, weil das Kind keine eigene Initiative (Motivation) entwickelt, sondern sich vollständig auf die Mutter verlässt. Die Erfahrung lehrt uns – ebenso ist es pädagogisch sinnvoll –, dass das Kind alleine (ohne Musik oder andere Geräuschkulissen) seine Aufgaben im eigenen Zimmer und am Schreibtisch erledigt. Auch eine festgelegte spätere Zeit, besonders in den späten Nachmittag verlegt, führt oft dazu, dass die Zeit aus irgendeinem Grund nicht eingehalten werden kann, und schon ist wieder der Kampf um die Hausaufgaben entbrannt. Hat das Kind die Zeit nach dem Mittagessen erst einmal verinnerlicht, erledigt es die Hausaufgaben in der Regel ohne Probleme. Da jedes Kind anders ist, kann es natürlich sein, dass das eine oder andere Kind auch immer wieder mal versucht, diese Zeit hinauszuschieben oder zu umgehen.

• Wir hatten in unserer Familie eine feste Regelung. Nach dem Mittagessen gab es eine kurze Verschnauf- und Orientierungspause, dann wurden sofort die Hausaufgaben gemacht, und zwar am Schreibtisch im Kinderzimmer. Erst wenn die Hausaufgaben fertig waren, durfte gespielt werden. Die Kinder wussten das und haben die Treffen mit den Freunden erst danach ausgemacht. Kam ein Freund / eine Freundin früher, mussten sie solange im Wohnzimmer warten, bis die Hausaufgaben fertig waren. Es war uns wichtig, dass die Kinder die Hausaufgaben in ihrem Zimmer erledigten und nicht in der Küche oder im Wohnzimmer. Auch durften sie keine Musik dabei hören, damit sie nicht abgelenkt wurden. Wenn sie Hilfe brauchten, durften sie jederzeit kommen und fragen. Waren die Hausaufgaben gemacht, dann konnten sie ihren Interessen nachgehen.

Familie Wilhelm
und Barbara Faix

Freizeitgestaltung

Die Freizeitgestaltung ist heute bei vielen Familien zum Problem geworden.

Viele Familien verbringen kaum noch gemeinsame Freizeit miteinander. Auch das gemeinsame Spielen hat abgenommen.[11] Die modernen Medien verleiten dazu, dass allerhöchstens noch die ganze Familie vor dem Fernseher sitzt, was durchaus ein gemeinsames Ritual sein kann, aber eben nicht nur darin bestehen sollte. Es gibt viele Möglichkeiten der gemeinsamen Freizeitgestaltung: gemeinsam spielen, musizieren bis hin zu gemeinsamen Unternehmungen.

Die Mediengesellschaft versorgt die Kinder rund um die Uhr mit Unterhaltung. Das Spielen nimmt darum bei den Kindern immer mehr ab, und auch in den Familien wird immer weniger gespielt. Dabei wissen wir, dass regelmäßiges Spielen für Kinder wichtig ist. Kinder sammeln auf diese Weise grundlegende Erfahrungen, die sie im Alltag nutzen können: kooperatives Handeln, Entwickeln von kreativen Ideen, Lernen, Spannung und Entspannung auszuhalten, sich konzentrieren, zuhören, mit Sieg und Niederlage umgehen, Regeln einhalten. So ganz nebenbei werden außerdem das Gedächtnis, die Fantasie und das logische Denken trainiert. Besonders wertvoll sind Gemeinschaftsspiele. Kinder lernen die Eltern von einer ganz anderen Seite kennen. Gemeinsames Spielen macht Spaß und baut Alltagsstress ab. Viele Kinder lieben solche gemeinsamen Zeiten mit den Eltern. Im Spiel erfahren die Kinder ungeteilte Aufmerksamkeit und Zuwendung. Gemeinsames Spiel verbindet und schafft eine gute Atmosphäre. Natürlich gibt es auch beim Spielen Streit, Krach und Ärger, aber auch Vergebung und Versöhnung. Da Spielen nicht mehr selbstverständlich ist, sollte jede Familie einen festen Termin einplanen, zum Beispiel einen Spielabend.

Bei Kleinkindern und Kindern im Vorschulalter ist es wichtig, dass sich Vater und Mutter immer wieder Zeit nehmen, um mit dem Kind unterschiedliche Spiele zu spielen. Dabei wird sich schnell herausstellen, dass jedes Kind so seine Lieblingsspiele hat, die es immer und immer wieder spielen möchte. Aber es geht auch darum, Spiele gezielt einzusetzen, damit das Kind Konzentration und Ausdauer einüben kann.

Bei uns in der Familie war es in der Regel der Samstagabend oder auch der Sonntagabend, an dem gespielt wurde. Wenn möglich sollte die ganze Familie mitspielen, auch die Familienglieder, die nicht so gerne spielen – auch wenn es Überwindung kostet. Der Anreiz wird erhöht, wenn es nebenher etwas zum Knabbern und Trinken gibt, das sonst nicht auf dem Tisch steht.

• Ein unbewusstes Ritual, das sich von alleine eingespielt hat, ist das »Toben« vor dem Mittagessen. Papa kommt meistens zum Mittagessen nach Hause und die Mädels (4 und 2 Jahre) erwarten ihn dann schon an der Haustüre. Nach einem kurzen Begrüßungskuss gibt es ein »Wettrennen« ins Ehebett und dort wird dann ausführlich getobt und Blödsinn gemacht. Das macht Spaß, stärkt das Vertrauen und die Mama kann in Ruhe kochen!

Familie Tobias und Christine Faix

Die Sternschnuppennacht im August:

• Etwa eine Woche lang hat man Mitte August die Möglichkeit, dieses besondere Ereignis mit den Kindern zu erleben (bei hoffentlich klarem Himmel). Wir beginnen bei Anbruch der Dunkelheit mit einem Abendessen im Garten und dem Singen von Abendliedern. Wenn es richtig dunkel wird, legen wir uns mit Luftmatratzen und Schlafsack auf unsere Wiese im Garten und beobachten den Sternenhimmel. Die Sternschnuppen sind wie Zeichen Gottes am Himmel, und jedes Kind darf sich beim Entdecken einer Sternschnuppe von Gott etwas wünschen. Den Kindern verdeutlichen wir dabei, dass Gott nur die Wünsche erfüllt, die auch gut für uns sind. Man kann auch den Bogen schlagen zu Jesus als dem hellen Morgenstern (Offenbarung 22,16) und dem Lied »Stern über Bethlehem«.

Familie Volker und Jani Hommel

Umgang mit der Schöpfung:

Der Tag der Ankunft des neuen Haustieres ist für die Kinder mit großer Aufregung verbunden – für das Tier nicht weniger. Das Tier sollte erst in Ruhe seine neue Familie und seine neuen Lebensumstände kennen lernen, bevor es nach einigen Tagen mit einer kleinen Feier in der Familie offiziell begrüßt und aufgenommen wird.

• Die Familie versammelt sich zu einem Kreis, entweder am Esstisch oder auf einem großen Teppich. Das Tier wird in die Mitte oder auf den Arm genommen, soweit möglich.

Ein Erwachsener eröffnet das Gebet: Jesus, du hast gesagt, dass nicht einmal ein Spatz vom Himmel fällt, ohne dass unser Vater im Himmel darum weiß[12]. So weißt du auch von uns heute und hier.

Kind:
Guter Vater, wir freuen uns so sehr über unser neues Tier. Alles Gute kommt von dir, und deshalb wollen wir dir jetzt danken für unser ... (Tier benennen).

Kind:
Jesus, du bist auf Eseln geritten, hast bei wilden Tieren gewohnt und hast dich über die Vögel am Himmel gefreut. Wir wollen dir erzählen, wie sehr wir uns freuen. Und wir wollen dir erzählen, dass wir einen Namen für unser ... aus- gesucht haben. Wir wollen es ... nennen.

Erwachsener:
Jesus, wir bitten dich: Segne unser Miteinander mit ... . Lass uns Freude mit ihm/ihr haben, gib, dass unsere Kinder in ihm/ihr jemanden finden, den sie streicheln und lieben können, und jemanden, der mit ihnen viel Lebensfreude teilt. Lass deinen Segen auf unserer Gemeinschaft ruhen.

Alle:
Amen.

Familie Georg und Petra Lorleberg

Morgens, mittags, abends · Kinder lieben Rituale

4. Das Kirchenjahr

Das Kirchenjahr

Das Kirchenjahr bietet sich in seinem Ablauf besonders an, Rituale für die christlichen Feste zu entwickeln. Das geschieht nicht automatisch, sondern erfordert Planung und Überlegung von Seiten der Eltern. Dabei geht es nicht um lange, ausgeklügelte Abläufe, sondern um konkretes Erleben im Miteinander.

Das Kirchenjahr bietet sich besonders an für Rituale, die auf den Glauben bezogen sind. Solche Rituale müssen gut geplant und vorbereitet sein, weil sonst die Gefahr besteht, dass sie nie zustande kommen. Gerade bei diesen »außergewöhnlichen« – aber alle Jahre wiederkehrenden – Zeiten sollten sich die Eltern zusammensetzen und überlegen, welche sie feiern und wie sie diese feiern wollen. Dabei geht es nicht nur um die inhaltliche Gestaltung, sondern vor allem auch um den Zeitpunkt und die Länge eines solchen Rituals. Werden diese scheinbaren »Nebensächlichkeiten« vernachlässigt, besteht die Gefahr, dass sie entweder nicht zustande kommen, weil keine feste Zeit vereinbart wurde, oder dass die »Feier« in einem Krach endet, weil einer auf den anderen wartet und im Warten sich langsam die Stimmung verschlechtert. Dabei gilt: Lieber kürzer und alle sind dabei, als ein zu großes Programm, das nicht funktioniert.

Advent und Weihnachten

Die Advents- und Weihnachtszeit eignet sich besonders für das Einüben eines Abendrituals – trotz aller Hektik und allem Termindruck. Die Adventszeit ist und bleibt eine besondere Zeit. Im Kirchenjahr ist die Adventszeit als Bußzeit ausgewiesen. Buße aber heißt nichts anderes als umzukehren und sich neuen, lebensfördernden Verhaltensweisen im Vertrauen auf Gott zuzuwenden. So kann das tägliche Abendritual ein bewusster Kontrapunkt in der Hetze und Hektik des Alltags für die ganze Familie werden. Was in diesen vier Wochen eingeübt wurde, kann dann nach Weihnachten und im neuen Jahr in Form eines täglichen Gute-Nacht-Rituals (siehe Der Abend, S. 26) in anderer Form seine Fortsetzung finden.

In der Adventszeit bietet es sich an, eine Krippe aufzustellen.

Wenn Eltern noch keine Krippe besitzen, können sie zusammen mit ihren Kindern selbst eine herstellen. Im **gemeinsamen Basteln** ergeben sich oft schon gute Gesprächsmöglichkeiten über die Erlebnisse und Erfahrungen der Menschen aus den biblischen Berichten.

Krippenfiguren basteln kann man aus Ton, Wolle, Papier, Stoff oder als Transparente gestalten.

Krippenszenen in der Adventszeit stimmen uns auch äußerlich auf das Weihnachtsgeschehen ein. Immer wieder können wir eine Figur herausgreifen und die Weihnachtsgeschichte aus der Sicht verschiedener Figuren erzählen.

Rituale im Advent:

• Im Advent wird abends eine Geschichte vorgelesen (so eine Art Adventskalender). Das wollen sogar die Teenies noch, wobei sich die Geschichten dann ändern, klar. Das werden wir so halten, bis sie es nicht mehr möchten. Dabei werden die Kerzen des Adventskranzes angezündet, dazu noch viele andere Kerzen. Als die Kinder klein waren, wurden jeden Abend Adventslieder gesungen, das wollen sie inzwischen nicht mehr.

Familie Karlheinz
und Gudrun Schmidt

• Die Adventszeit war in unserer Familie eine besondere Zeit. Sie begann pünktlich am 1. Advent. Rechtzeitig wurde das Haus bzw. das Wohnzimmer adventlich geschmückt. Ein Adventskranz auf dem Tisch, kleine adventliche Zeichen überall im Zimmer, auch die Fenster werden nicht vergessen. Das ganze Haus (Wohnung) bekam so einen besonderen Glanz und trug zu einer Atmosphäre bei, die zur Sammlung und Ruhe einlud. Täglich traf sich nun die Familie zur Adventsfeier. Jedes Kind durfte an einem Tag die Kerzen anzünden. Zuerst sangen wir Lieder, die sich die Kinder wünschen konnten. Da Kinder die Wiederholung lieben, zog sich oft ein Lied durch die ganze Adventszeit. Begleitet wurden die Lieder mit Klatschen oder auch mit Musikinstrumenten wie Triangel, Hölzer, Glockenspiel u. a. (wir sind nicht musikalisch). Nach dem Singen und Musizieren wurde eine Geschichte vorgelesen. Die Kinder freuten sich schon darauf. Nach dem Vorlesen der Geschichte kam das Basteln. Beim Basteln gab es viel zu reden und zu fragen, denn Ausschneiden und Kleben brauchen Anleitung. Die Freude war stets groß, wenn etwas gelungen war und alle die geleistete Arbeit bestaunten. Da in der Regel der Bastelkalender an der Wand oder Tür hängt, kann er jeden Tag angeschaut und von Besuchern bewundert werden. Nach dem Basteln haben wir wieder ein gemeinsames Lied gesungen, dann beteten wir zusammen. Jedes Kind konnte beten, wie es wollte – ein frei formuliertes Gebet oder ein vorgegebenes Gebet. Wenn noch etwas Zeit war, saßen wir noch eine Weile zusammen, aßen Mandarinen oder Weihnachtsplätzchen, plauderten miteinander und genossen die Gemeinsamkeit. Anschließend gingen die kleineren Kinder ins Bett. Als die Kinder größer waren, haben wir nicht mehr gebastelt, sondern eine längere

Geschichte vorgelesen und miteinander zusammen gesessen, Weihnachtsgebäck geknabbert, Tee getrunken und die Gemütlichkeit genossen.

Familie Wilhelm und Barbara Faix

Wichteln:

• Die Adventszeit kann durch das Wichteln noch bereichert werden. Sie bekommt dadurch eine besondere Note. Jeder in der Familie bekommt ein Familienmitglied zugelost. Keiner weiß, wer wen bekommen hat. Die Aufgabe besteht nun darin, täglich oder alle paar Tage (sollte jedem frei überlassen sein) demjenigen Familienmitglied, das er gelost hat, eine Freude zu bereiten. Dies sollte so geschehen, dass der Betreffende nicht erraten kann, wer es war. So gibt es jeden Tag verschiedene Überraschungen und geheimnisvolles Getue, wenn plötzlich die Schuhe geputzt sind, die Küche aufgeräumt wurde oder auf dem Kopfkissen die Lieblingsschokolade liegt. Kreativität und Fantasie kennt hier keine Grenzen. Bei Kindern im Vorschulalter kann die Mutter, der Vater oder eines der großen Geschwister beim Wichteln helfen. An Heiligabend wird dann das Geheimnis gelüftet, wer wem gewichtelt hat.

Familie Wilhelm und Barbara Faix

Gutscheinkalender:

• Wir haben ein Filzhaus mit 24 Täschchen, das an der Wand hängt. In diese Täschchen kamen Gutscheine. Jedes Kind hatte eine andere Zettel-Farbe – und jeden Tag war ein anderes Kind dran mit Zettel-Ziehen. Der Gutschein war kein materielles Geschenk, sondern ein Zuwendungs-Geschenk. Z. B. »Du darfst mit Papa einen Abendspaziergang machen.« Oder: »Du darfst dir ein Lied wünschen, das die Mama auf dem Klavier vorspielt.« – »Du darfst dir das Mittagessen morgen wünschen.« – »Du darfst dir ein Spiel wünschen.« – »Du darfst mit Papa schwimmen oder essen gehen.« – »Ein Stadtbummel mit Mama.« Die Gutscheine wurden nicht immer gleich am nächsten Tag eingelöst, sondern manchmal auch erst zu einem passenden Zeitpunkt. Eltern und Kinder haben diese Besonderheit der Adventszeit immer sehr genossen.

Familie Ulrich und Cornelia Mack

Die Adventskiste:

• Die Adventskiste ist eine Kiste, in der 24 Geschenke für die Adventszeit enthalten sind. Die Kinder dürfen jeden Abend (oder mittags) zusammen oder reihum in die Kiste greifen und jeweils ein Geschenk herausnehmen. Jedes Geschenk hat einen Bezug zu einer biblischen Geschichte – man kann dann zu dem Geschenk eine Rätselfrage anfügen, so dass die Kinder raten sollen, welche biblische Geschichte gemeint ist. Vater oder Mutter können dann die Geschichte erzählen oder vorlesen. Beispiele: Ein Stück Seife – die Geschichte der Fußwaschung. Ein Wollknäuel – die Geschichte vom verlorenen und wiedergefundenen Schaf. Ein Rezept für ein Brot, das die Kinder mit der Mutter zusammen backen dürfen – die Geschichte von der Brotvermehrung usw.

Familie Ulrich und Cornelia Mack

Heiligabend:

• Es ist für Kinder sehr wichtig, dass wir ihnen im Blick auf die Inhalte von Weihnachten keine Märchen erzählen oder gar Lügen auftischen, wie z. B. der Nikolaus oder das Christkind oder der Weihnachtsmann würde heimlich in der Nacht Geschenke bringen und dann genauso heimlich wieder verschwinden. Dann passiert etwas Fatales: Kinder bauen zu diesen Märchenfiguren eine emotionale Beziehung auf – Vorfreude, Erwartung und Spannung haben dann immer mit diesen Figuren zu tun. Sobald aber Kinder aus dem Märchenalter herauswachsen (also aus dem Denken in symbolischen Strukturen), verlieren sie den Bezug zu diesen Figuren und damit auch zu den Inhalten von Weihnachten. Den Sinn von Weihnachten können wir den Kindern am besten so vermitteln: An Weihnachten ist Jesus geboren, da feiern wir seinen Geburtstag. Und weil wir uns darüber so sehr freuen, machen wir uns gegenseitig auch Geschenke. Aber das größte Geschenk an Weihnachten ist Jesus selbst. Er macht sich uns Menschen zum Geschenk. Dann haben Vorfreude, Erwartung und Spannung immer mit dem Kind in der Krippe zu tun. Und wir bauen den Kindern eine Brücke, auf der sie gehen können, wenn sie nicht mehr kindlich denken und sprechen. Denn auch als Erwachsene können wir uns darüber freuen, dass Jesus geboren ist und sich uns schenkt.

Familie Ulrich und Cornelia Mack

Der Heilige Abend war Höhepunkt der Advents- und Weihnachtszeit. Er wurde daher besonders gründlich vorbereitet (zu Stress und Hektik kam es bei den Vorbereitungen trotzdem). Am Vormittag schmücken die Eltern das Weihnachtszimmer mit dem Weihnachtsbaum. Wenn es am Vormittag des Heiligen Abends nicht ging, dann wurde der Baum am Abend vorher geschmückt. Die Kinder durften an diesem Tag nicht ins Zimmer kommen.

• So wuchs die Spannung von Stunde zu Stunde und von Minute zu Minute. Zum Mittagessen gab es nur eine Kleinigkeit. Anschließend richteten sich alle für die Feier. Jeder hatte so seine Aufgaben, was Aufräumen, Putzen oder noch Geschenke-Herrichten anging. (Die Geschenke sollten aber möglichst schon vorher verpackt worden sein.) Um 15 Uhr traf sich die Familie zum Kaffeetrinken. Der Hunger war meistens nicht sehr groß, weil die Erwartung der Feier alles überstrahlte. Dann war es soweit. Die Eltern gingen ins Weihnachtszimmer und zündeten die Kerzen am Christbaum an. Auch sonst waren viele Kerzen aufgestellt und wurden angezündet, so dass kein anderes Licht zu brennen brauchte. Das Zimmer stand in einem wunderschönen Weihnachtsglanz. Nun läutete der Vater (so war es bei uns Tradition) ein Glöckchen. Das war das Zeichen für die Kinder und Angehörigen, die ja gespannt vor dem Zimmer warteten, ins Weihnachtszimmer zu kommen.

Die Familie stellte sich um den Weihnachtsbaum und sang »Ihr Kinderlein kommet« und andere Weihnachtslieder. Dann sagten die Kinder (je nach Alter) ein Weihnachtsgedicht oder Weihnachtslied auf. Die größeren Kinder haben selbstständig eines herausgesucht und überraschten damit die Eltern. Die Kleinen hatten mit der Mutter einen Vers gelernt und sagten ihn jetzt auf. Es war auch möglich, musikalische Beiträge zu bringen oder, als die Kinder größer waren, ein Gedicht vorzulesen.

• Anschließend las der Vater die Weihnachtsgeschichte aus der Bibel vor (Lukas 2,1–20). Als die Kinder noch ganz klein waren, haben wir mit ihnen die Weihnachtsgeschichte aus dem Kinderbuch »Was uns die Bibel erzählt« oder dann der Kinderbibel vorgelesen und gleichzeitig die Bilder angeschaut und darüber gesprochen. Danach wurde die Weihnachtsgeschichte gemeinsam gespielt. Für die Erwachsenen war das etwas ungewohnt, und man musste die erste Scheu überwinden; für die Kinder war es ein besonderes Erlebnis.

> Jeder spielte natürlich mit, auch die Großeltern oder Verwandte, einfach alle, die am Heiligen Abend mitfeierten.

Wenn die Familie klein ist, kann auch eine Person mehrere Rollen spielen. Bei einer Kleinfamilie wird jeder in jeder Szene gebraucht. Die Rollen werden verteilt und kurz durchgesprochen.

(Das ist nur beim ersten Mal etwas kompliziert, die anderen Jahre weiß jeder sehr schnell, was zu spielen ist.)

Ein paar Hüte, ein Stock und ein paar Tücher sind bereits bereitgelegt, damit jeder sich seiner Rolle entsprechend kleiden kann – natürlich mehr symbolisch.

Folgende vier Szenen bieten sich an:

1. Szene:
Maria und Josef sind auf der Suche nach einer Herberge.
(Personen: Maria und Josef und ein bis drei Wirte, bei denen Maria und Josef vergeblich nach einer Herberge fragen.)
Josef klopft an und fragt nach einer Herberge. Der Wirt weist beide ab. Dabei ist der Fantasie freier Lauf gelassen. Jeder spielt so, wie er es kann. Die Rolle des Wirts wollen die Kinder meistens nicht so gerne spielen.

2. Szene:
Die Hirten auf dem Feld und die Verkündigung der Engel.
(Personen: Je nach Anzahl der Kinder und Erwachsenen ist die Zahl der Hirten groß oder klein. Kleine Kinder spielen gerne ein Schäfchen oder einen Verkündigungsengel.)
Die Hirten liegen bei ihren Schafen, der Verkündigungsengel (mit einer Kerze in der Hand) erscheint und spricht die Worte aus Lukas 2,10–12. Die Hirten erschrecken und verhalten sich dementsprechend.
Nachdem der Verkündigungsengel gesprochen hat, folgt die nächste Szene.

3. Szene:
Alle gehen gemeinsam zur Anbetung des Kindes an die Krippe.
Die ganze Familie versammelt sich vor dem Christbaum. Etwas Besonderes ist es, wenn unter dem Christbaum eine Krippe aufgebaut ist. (Wir haben eine sehr schöne Krippe aus Holzfiguren.) Nun kann man gemeinsam niederknien, ein Dankgebet sprechen und für die Angehörigen, Kranken, Armen und Notleidenden beten. Es können auch vorher Anliegen gesammelt werden oder auch ganz frei das gebetet werden, was jeder für wichtig hält.
Solch eine gemeinsame Gebetszeit ist etwas Besonderes. Natürlich ist

es jedem freigestellt zu beten. Das gilt auch für die anderen Familienangehörigen, Verwandten und Freunde, die mitfeiern. Ist die Familie nicht gewohnt, gemeinsam zu beten, kann auch ein Familienmitglied ein Gebet sprechen, oder man kann ein vorformuliertes Gebet vorlesen. Hier kann jede Familie entscheiden, wie es in ihre Situation passt.

Ein gemeinsames Lied (z. B. »O du fröhliche«) schließt die Feier ab.

• Als die Kinder größer waren (etwa ab 10/11 Jahren) und sie nicht mehr die Weihnachtsgeschichte spielen wollten, haben wir statt der Spielszene eine Weihnachtsgeschichte vorgelesen. Bei uns war es so üblich, dass der Vater die Geschichte herausgesucht und vorgelesen hat. Es gibt eine Fülle von Weihnachtsgeschichten. Nicht jede eignet sich zum Vorlesen in der Familie. Es sollte eine Geschichte sein, die nicht langatmig, aber spannend ist, eine sinnvolle Handlung hat und die nicht zu lang ist (zwischen 4 und maximal 20 Minuten).

Wenn die Geschichte beendet ist, kann man über den Inhalt noch einen Augenblick sprechen. Solch ein Gespräch sollte nicht zu lange sein. Ein Gespräch hat nur Sinn, wenn sich alle beteiligen und mitmachen.

Nach der Geschichte und dem Gespräch wird die Weihnachtsgeschichte in der Bibel (Lukas 2,1-20) vorgelesen.

Das Vorlesen der Weihnachtsgeschichte kann auch eines der Kinder übernehmen. Da die Weihnachtsgeschichte mit dem Weg der Hirten zur Krippe endet, steht die Familie auf und geht ebenfalls zur Krippe am Weihnachtsbaum, um gemeinsam Jesus anzubeten.

Nun folgt der zweite Teil der Feier am Heiligen Abend:

Das Weihnachtsgeschenkespiel:

• Zum Weihnachtsspiel braucht man einen Würfel und so viele »Mensch ärgere dich nicht«-Figuren wie Mitspieler. Entweder wird bestimmt, wer anfangen kann – z. B. das jüngste Kind –, oder der darf beginnen, der die höchste Zahl gewürfelt hat.

Nachdem wir erlebt hatten, wie groß das Chaos beim Geschenkeauspacken werden kann, wenn sich jeder auf seine Geschenke stürzt, sich Berge von Verpackungsmaterial im Wohnzimmer türmen und jeder nur mit seinen Geschenken beschäftigt ist und von den anderen kaum Notiz nimmt, hat uns eine Verwandte so nebenher auf eine besondere Idee gebracht. Sie erzählte, dass es ein Weihnachtsspiel gäbe, an dem die ganze Familie beteiligt ist. Gehört, getan.

Wir stellten uns das Weihnachtsspiel her und probierten es sogleich aus. Alle waren begeistert. Bei diesem Spiel ist es wichtig, dass alle Geschenke, auch noch so kleine, in Geschenkpapier, Weihnachtstüten oder in anderer Form eingepackt sind und jede Person einen Platz im Zimmer hat, wo die Geschenke unter einer Decke oder einem Tuch verborgen liegen. Wenn nun der

Erste »Geschenk auspacken« gewürfelt hat, geht er zu seinem Geschenkeplatz, greift unter die Decke und zieht ein Geschenk heraus. Vor aller Augen wird nun das Geschenk ausgepackt. Alle können es bewundern und sich darüber freuen. Der Beschenkte kann sich auch sogleich bei dem, von dem er das Geschenk bekommen hat, bedanken. Das Geschenkpapier kann nebenher aufgeräumt werden und der Nächste kommt mit würfeln an die Reihe. Jedes Geschenk wird auf diese Weise gewürdigt, keines geht unter. Vor allem können die Kinder miterleben, wie die Eltern und Geschwister sich über ihre Geschenke freuen. Für ein Kind ist es ganz spannend, wie sein Geschenk aufgenommen wird. So herrscht ein großes Hallo, ein Jauchzen und Springen, ein Händedrücken und Küssen. Alle sind beteiligt. Das Schenken bekommt eine besondere Bedeutung. Jeder schenkt gerne, auch Kleinigkeiten, und alle sind gespannt, was als Nächstes ausgepackt wird. Da wird immer wieder auch ein Lied gewürfelt, das dann auch gesungen wird. Dadurch wird das Auspacken durch eine kurze Besinnungspause unterbrochen.

Gibt es größere Geschenke, die nicht im Weihnachtszimmer untergebracht werden können, wird ein Ersatzpäckchen unter die Decke gelegt, in dem ein Zettel mit dem Hinweis liegt, wo das Geschenk geholt werden kann (z. B. »Geh in den Keller, dort wartet eine Überraschung für dich.« Oder: »Geh ins Schlafzimmer und schau unter das Bett.«).

Je nach Größe der Familie und Anzahl der Geschenke nimmt das Geschenkeauspacken einen längeren Zeitraum in Anspruch. Langeweile kommt dabei keine auf. Sind alle Geschenke ausgepackt, kann jeder seine Geschenke individuell genießen. Die Kinder werden natürlich sofort mit ihren Spielsachen zu spielen beginnen.

Familie Wilhelm und Barbara Faix

Der folgende Vorschlag von Familie Mack knüpft an den Brauch an, dass der 24. Dezember auch der Adam- und Eva-Tag ist.

Der Tag, an dem daran gedacht wird, dass Adam und Eva aus dem Paradies vertrieben wurden und dass ein Engel als Wache vor dem Eingang des Paradieses stand, damit Adam und Eva nicht mehr zurückkommen. Weihnachten bedeutet, dass das Paradies wieder offen ist und wir wieder wie Adam und Eva mit Gott reden können – vertraut, kindlich und von Herz zu Herz, mit Gott auf Du.

Vom Dunkel ins Licht

• Die Tür zum Weihnachtszimmer wird verschlossen, Vater oder Mutter lesen die Vertreibung aus dem Paradies vor, möglichst im Dunkeln als Ausdruck der Verlorenheit, in der wir ohne Gott sind. Nach der Sündenfallgeschichte (1. Mose 3) singen alle miteinander: »Heut schließt er wieder auf die Tür zum schönen Paradies, der Cherub (Engel) steht nicht mehr davor, Gott sei Lob und Ehr und Preis.« Die Wohnzimmertür wird geöffnet, der Glanz der Kerzen strahlt uns entgegen als Sinnbild der Hoffnung und der Erwartung. Wir stehen miteinander an der Krippe und singen nochmals ein Weihnachtslied.

Familie Ulrich und Cornelia Mack

• Schon einige Tage vor Weihnachten bitten wir Kinder und eventuell Gäste, einen Beitrag zur Gestaltung des Heiligen Abends zur Familienfeier mitzubringen, der etwas mit dem Sinn und der Bedeutung von Weihnachten zu tun hat. Die Ideen sind immer wieder erstaunlich – ein Lied, ein Gedicht, ein Quiz, eine Geschichte, ein Spiel usw. Wir sind alle miteinander Beschenkte.

Familie Ulrich und Cornelia Mack

• An Heiligabend wird der Gottesdienst in der Gemeinde besucht. Danach wird gefeiert. Das Geschenke-Würfelspiel gehört unbedingt dazu, wobei wir es inzwischen für Teenies umfunktioniert haben. Wir singen Weihnachtslieder und lesen die Weihnachtsgeschichte, jedes Jahr anders, z. B. mit verteilten Rollen, herkömmlich oder modern. Wir essen gemeinsam, sitzen danach noch zusammen oder spielen.

Familie Karlheinz und Gudrun Schmidt

• Am 23. Dezember wird abends (manchmal auch nachts) der Weihnachtsbaum und das Weihnachtszimmer geschmückt – dies allein durch die Eltern. Dann wird das Weihnachtszimmer verschlossen. Am 24. Dezember abends nach dem Gottesdienst essen wir zusammen,

dann geht mein Mann ins Weihnachtszimmer und zündet die Kerzen am Baum an. Mit einem kleinen Glöckchen klingelt es dann, und dann, ja dann dürfen die Kinder ins Weihnachtszimmer. So ein Glöckchen bekamen wir zum ersten Weihnachten nach der Geburt unseres ersten Kindes von meinen Eltern geschenkt und somit hat sich ein Ritual aus meiner Kindheit in meiner eigenen Familie fortgesetzt. Ich kann mich erinnern, dass ich als 18-Jährige noch vor der Tür gewartet und die Spannung genossen habe. Ähnlich geht es heute unseren Kindern. Sie genießen und bewahren sich diese Spannung, und vielleicht stehen auch sie mit 18 Jahren noch gespannt vor der Weihnachtszimmertür.

Familie Markus
und Sabine Kalmbach

• Heiliger Abend: Nachmittags wird der Baum geschmückt, dann gehen wir zu einigen Nachbarn, singen und wünschen Gottes Segen; festliches Essen, danach Andacht (Weihnachtsevangelium und Geschichte), Singen, Gebet, Bescherung, offenes Ende.

Familie Alois und Elli Geisler

• Nach einem einfachen, aber leckeren Abendessen wurden wir Kinder ins Kinderzimmer geschickt und durften erst kommen, wenn wir gerufen wurden (später ein Glöckchen). Die Eltern hatten die Kerzen am Weihnachtsbaum angezündet und die Geschenke unter den Baum gelegt. Vor der Bescherung wurde noch musiziert und Weihnachtslieder gesungen (teilweise hatten wir die ganze Adventszeit dafür geübt). Dann teilten die Eltern die Geschenke aus und wir unsere.

Ein Jugendlicher

Mögliche Alternativen

Happy-Birthday-Jesus-Party:

• Weihnachten ist Geburtstag von Jesus – warum mit pubertierenden Kindern darum nicht eine Happy-Birthday-Jesus-Party feiern? Was braucht man dazu? Einladungskarten, einen Kuchen, Musik und Tanzprogramm – und die Überlegung: Was können wir Jesus zum Geburtstag schenken? Darüber kann sich ein interessantes Gespräch entwickeln, das man auf der Party zum Thema machen kann.

Ein Hirtenweg:

• Ebenfalls mit älteren Kindern eignet sich der Hirtenweg. Vor der Wanderung essen wir miteinander eine »Arme-Leute-Suppe«, weil Josef und Maria auch arme Leute waren. Danach gehen wir ins Freie, halten immer wieder inne, um zu singen und zu musizieren, lesen Bibelstellen und kommen dann im Stall von Bethlehem an – eine Scheune o. Ä., in der Stroh ausgelegt und eine Krippe aufgebaut ist. Dort wird die Weihnachtsgeschichte gelesen und Lieder gesungen. Eignet sich vor allem für Familien, die nach einer echten Alternative zum sonst üblichen Geschenkerummel suchen.

Passion und Ostern

In der Passions- und Osterzeit ergeben sich viele intensive Zugänge zum Thema Leid, Sterben, Auferstehung. Wie gut, dass Christus uns nicht nur an Weihnachten durch seine Geburt ein Fest bereitet, sondern dass er auch der ist, der die Tiefen des Lebens kennt, der gelitten hat, der verleumdet und geschlagen, getreten und angespuckt wurde. Auch dies gehört doch zur Realität unseres Lebens und zur Lebenserfahrung der Kinder in unserer heutigen Zeit.

Kinder erleben Leid oder Gewalt – in der Schule oder auf dem Sportplatz, im Kindergarten oder zu Hause. Die Geschichten von der Passion Jesu, von seinem Leid und seinem Schmerz sind nichts Weltfremdes, nicht weit weg von unserer Erfahrung. Christus kennt nicht nur den Tod, sondern auch den Weg aus dem Tod, er ist durch den Tod in ein neues Leben durchgedrungen.

Passion und Ostern sagen uns, dass unser Leben nicht in unbeantworteten Fragen stecken bleiben muss, dass wir nicht in Depression versinken müssen angesichts des Lebens und seinen Dunkelheiten. Durch Ostern bekommen wir neue Horizonte für unser Leben, können befreit werden von Fesseln der Schuld und des Versagens, müssen nicht in den Löchern von Frustration sitzen bleiben und uns nicht mehr auf unsere eigene Kraft verlassen und aus eigenen Ressourcen schöpfen, sondern dürfen uns an den hängen und von dem empfangen, der für uns eine neue Bahn ins Leben gebrochen hat. – Die Liebe Gottes offenbart sich nicht nur an Weihnachten, sondern sie findet erst im Sterben und in der Auferstehung von Jesus ihre Vollendung.

Die Bräuche in der Passion helfen uns zur Gestaltung dieser Zeit mit Kindern:

• Mit größeren Kindern kann man sich eine Zeit des Fastens im übertragenen Sinn vornehmen, wobei auf bestimmte Annehmlichkeiten des alltäglichen Lebens bewusst verzichtet wird: z. B. auf Süßigkeiten oder Fernsehen, Computerspiele oder irgendeine andere fesselnde Beschäftigung.

Fasten im Sinne von Essensverzicht ist nicht geeignet für Kinder. Kinder müssen essen, weil sie das für ihr Wachstum brauchen. Pubertierende (vor allem Mädchen) sollten auf keinen Fall fasten, da dies wie eine Einstiegsdroge in eine psychische Krankheit wirken könnte. Das Nichtessen wird religiös begründet und evtl. auch überhöht. In einer instabilen Lebensphase kann dies im schlimmsten Fall in eine Essstörung wie z. B. Magersucht münden oder zu religiösem Wahn oder zwanghaftem religiösen Perfektionismus führen.

Mit kleineren Kindern kann man anhand von ausgesäten und aufgekeimten Weizenkörnern über Sterben und neues Leben reden.

Oder wir können einen Dornenkranz flechten und über Leid und Schmerz sprechen.

• Am Palmsonntag bietet es sich an, an den Einzug von Jesus in Jerusalem zu denken, den Esel, auf dem Jesus geritten ist, zum Thema zu machen oder die Begrüßung von Jesus mit Hosiannarufen nachspielen.

Eine weitere Gestaltungsmöglichkeit besteht darin, Palmsträuße zu binden, geschmückte Gebinde, die mit Brezeln, dem typischen Fastengebäck, behängt und mit einem Hahn verziert wurden – zur Erinnerung an die Verleugnung des Petrus – und einem ungebrochenen Weidenstab, Zeichen dafür, dass über unserem Leben durch den Tod von Jesus nicht mehr der Stab gebrochen wird.

• Der Gründonnerstag erinnert an den letzten Abend, den Jesus mit seinen Jüngern verbrachte. Er feierte mit ihnen das Passamahl und setzte dabei das Abendmahl ein. Auch wusch er ihnen die Füße – eine Handlung, mit der sonst nur einfache Diener oder Sklaven zu tun hatten. An beide Ereignisse – Abendmahl und Fußwaschung – wird an Gründonnerstag in besonderer Weise gedacht.

In Erinnerung an den Auszug aus Ägypten, dem ersten Passa, kann man auch dieses Fest mit den Kindern feiern: mit Mazzenbrot und

anderen Zutaten ein Essen gestalten und über den Auszug aus Ägypten, den Schutz durch das Blut des Lammes und die Befreiung zu neuem Leben und neuen Lebensräumen sprechen.
Ein Osterlamm kann auch als Kuchen gebacken werden – in Erinnerung an »Christus, das Lamm Gottes, das der Welt Sünde trägt«, und an die geschlachteten Lämmer des Volkes Israel vor dem Auszug aus Ägypten. Der Osterhase ist vermutlich ein missglücktes Osterlamm, dessen Ohren einem Bäcker zu lang geraten waren und aus dem sich dann im Volksbrauch in der Frühlingszeit der eierlegende Osterhase entwickelt hat.

• Der Karfreitag ist ein Tag, an dem es sich anbietet, anhand von Bildern mit den Kindern über den Tod von Jesus, über Leiden, Sterben und Auferstehen nachzudenken.
Für ältere Kinder eignen sich auch schon Kreuzweg-Meditationen: Menschen gehen dabei miteinander die Leidensstationen von Jesus nach und betrachten dabei Bilder (szenische Darstellungen, Gemälde oder Skulpturen), die das Geschehen wiedergeben.

• Ostern, die Auferstehung Jesu, durchdrungen von dem jubelnden Sieg über den Tod. Aus dem Ostergeschehen haben sich vielerlei Bräuche entwickelt:
Ostereier bemalen und die Bedeutung der Symbolik erklären: das Osterei, die zerbrochene Schale als Symbol für das aufgebrochene Grab. – Ein alter Osterspruch lautet: »Wie der Vogel aus dem Nest gekrochen, hat Jesus Christus das Grab zerbrochen.«
Osterkerzen basteln und den Ostertisch damit schmücken.
Sie sind auch eine Erinnerung an das Osterfeuer in der Osternacht, der Nacht des Lichtes. Christus ist zum Licht durchgedrungen, zum neuen Leben, Christus ist das Licht der Welt.
Mehr und mehr werden in den letzten Jahren z. B. auch Osterkrippen Brauch, bei denen sich ebenfalls vielfältige Erzähl- und Darstellungsmöglichkeiten ergeben.
Neben dem Aufstellen von einzelnen Szenen kann es auch Freude machen, im Rollen- oder Stegreifspiel Szenen und Geschichten darzustellen und nachzuerleben.[13]

Morgens, mittags, abends · Kinder lieben Rituale   75

• Während es zu Weihnachten viele anschauliche Möglichkeiten gibt, bleibt Ostern meist reduziert auf Bräuche, die wenig mit dem eigentlichen Passions- und Ostergeschehen zu tun haben – wie Ostereier oder -hasen suchen. Wir haben deshalb in der Familie das Eiersuchen um einige einfache Elemente erweitert. Die Idee haben wir bei einer anderen Familie kennen gelernt. Ziel des Spiels ist, Kindern das Geschehen von Passion und Ostern anschaulich vor Augen zu führen oder in Erinnerung zu rufen. Ablauf des Spiels: Nebst den Eiern, Hasen etc. werden Gegenstände, die mit der Passions- und Ostergeschichte verbunden sind, im Haus oder Garten versteckt und die Kinder angewiesen, nach diesen Ausschau zu halten. Als Gegenstände können beliebige Objekte in Frage kommen, die man mit der Passions- und Ostergeschichte in Verbindung bringen kann, zum Beispiel ein Handtuch (Fußwaschung), Stoffesel (Einzug nach Jerusalem), Seil (Gefangennahme Jesu); Puzzle-Teile, die einen Hahn ergeben (Verleugnung des Petrus); Trinkgefäß (letztes Abendmahl; Weg zum Kreuz); Hammer (Kreuzigung); Licht (Auferstehung). Es können aber auch beliebige andere Gegenstände sein, die in der Pas-

sionsgeschichte vorkommen und die gerade zur Hand sind, wie z. B. Kreuz, Nägel (Kreuzigung), Tafel (Jesus – König der Juden), Schwamm (Jesus am Kreuz), Waschschüssel (Fußwaschung; Pilatus wäscht seine Hände in Unschuld) usw. Die Gegenstände können ruhig jedes Jahr variieren.

Die Kinder suchen die versteckten Gegenstände und bringen sie an einen vereinbarten Platz. Dort werden die Gegenstände in eine Reihenfolge entsprechend dem Ablauf der Passionsgeschichte gebracht. Dann gibt es didaktisch mehrere Möglichkeiten – je nach Alter und Vorkenntnissen der Kinder:

1. Ein Erwachsener erzählt die Passionsgeschichte anhand der gefundenen Gegenstände.

2. Die Kinder versuchen, die gefundenen Gegenstände in einen zeitlichen Ablauf zu bringen. Dabei diskutieren sie meist über den Ablauf der Passionsgeschichte, wie sie ihn in Erinnerung haben. Schließlich wird entweder gemeinsam die Passionsgeschichte nachvollzogen oder ein Erwachsener erzählt diese.

3. Wie 2., nur dass eines der älteren Kinder die Passionsgeschichte erzählt oder mehrere Kinder einen Teil davon.

• Unsere Erfahrung war, dass Kinder unterschiedlichen Alters gerne bei diesem Spiel mitgemacht haben. Die Älteren waren mit ihrem Wissen herausgefordert, die Jüngeren konnten spielerisch mit der Passionsgeschichte bekannt gemacht oder diese konnte wiederholt werden, nachdem man mit den Kindern in der Karwoche einzelne Teilaspekte ausführlicher besprochen hat.
Weil das Plätzchenbacken den Kindern an Weihnachten so gut gefällt, wollten sie es auch zu Ostern. Beim Ausstechen merkte ich, dass manche Figuren auch mit der Passionsgeschichte verbunden werden können bzw. eine Verbindung von Weihnachten (Stern) über das Leben von Jesus (Figur: Fuß) bis zur Auferstehung und dem Erscheinen von Jesus am See Genezareth (Figur: Fisch) gezogen werden kann. Wir hatten außerdem noch einen Hahn (Verleugnung) und ein Herz (Gottes Liebe zu uns – unsere Liebe zu Gott). Beim Osterfrühstück lag auf jedem Teller ein Plätzchen und es gab ein Gespräch über die Bedeutung der einzelnen Symbole.
Familie Markus und Claudia Printz

• An Ostern besuchen wir gemeinsam den Gottesdienst. Als die Kinder noch klein waren, durften sie morgens die versteckten Geschenke und Süßigkeiten suchen. Dieses Ritual wollten sie als Teenies nicht mehr. Ostern wird meist mit Verwandten (Omas und Opas) gefeiert, mit einem guten Essen, Kaffee und Kuchen.
Familie Karlheinz und Gudrun Schmidt

Pfingsten

Pfingsten ist das Geburtstagsfest der Kirche oder der Gemeinde Jesu (Apostelgeschichte 2).

Unter diesem Motto kann man auch Pfingsten mit Kindern gestalten – einen Geburtstagskranz binden oder Geburtstagskuchen – am besten einen »Bibelkuchen« – backen, eine Geburtstagskerze aufstellen.

Rezept für einen Bibelkuchen

Man nehme:
200 g Sprüche 30,33 (das Zweite)
2 Tassen Jeremia 6,20
(köstliches Gewürz und Zucker)
2 Tassen 1. Samuel 30,12 (das Zweite)
2 Tassen Nahum 3,12
1 Tasse 4. Mose 17,23
$^1/_2$ Tasse Richter 4,19b
6 Stück Jeremia 17,11
1 Prise 3. Mose 2,13
$4^1/_2$ Tassen 1. Könige 5,2
2 TL Backpulver
(unbiblisch, aber wichtig)

Befolgen Sie Salomos Rat, wie man Kinder gut erzieht und wenden Sie ihn lieber auf den Teig an. Geben Sie zuletzt 4. Mose 17,23 hinein, geschält und geschnitten, 1. Samuel 30,12 sollen kernlos sein, Nahum 3,12 kleingeschnitten. Alle diese Zutaten gut einmehlen, dass sie nicht auf den Boden sinken. Backen Sie in einer Kapselform.

Viel Spaß.

Erntedank

Dank-Apfel-Baum-Fest:

• Wir schneiden aus Papier kleine Äpfel und schreiben Bibelverse zum Thema Danken darauf. Die Äpfel liegen in einem Körbchen und jedes Kind darf sich ein oder zwei daraus nehmen. Die Sprüche werden vorgelesen und dann darf jedes Kind noch anfügen, wofür es selbst besonders dankbar ist. Danach werden die Äpfel an eine große Zimmerpflanze – den Dank-Apfel-Baum – gehängt.
Familie Ulrich und Cornelia Mack

Danke-Spaziergang:

• Man kann auch einen Erntedank-Spaziergang mit Kindern machen und Dinge sammeln, für die wir dankbar sind, einen Bauernhof besuchen oder auf den Feldern und in den Bäumen schauen, was wächst, und am Abend Gott in besonderer Weise dafür danken.
Familie Ulrich und Cornelia Mack

Dank- und Dekoschüsselchen:

• Erntedank – ein schönes und wichtiges Fest, aber irgendwann hatten wir den Eindruck, wir sollten bewusster und öfter auch sichtbar, symbolisch danke sagen. Haben wir doch jeden Tag zu danken, wollen wir doch jeden Tag daran denken, dass Gott ein guter Gott ist. Und dass es auch in schwierigen Tagen Schönes gibt und Dinge, für die man sich bedanken kann. Wir haben eine Wohnküche, und auf der Anrichte zwischen dem Wohnraum und der Küche ist ein Platz, auf dem unser Dank- und Dekoschüsselchen steht. Die Art der Schüssel wechselt immer wieder in Größe und Art, mal ist es eine schöne Holzschale, dann wieder etwas Selbstgebasteltes oder auch nur mal ein Teller. Darauf liegen Dinge, die wir im Laufe eines Tages oder einer Woche gesammelt (Steine, Federn, Gräser …) oder gefunden haben oder die uns im Moment irgendwie wichtig sind (Steine, Federn, Gräser, ein Spruch, eine kleine Bastelarbeit …). Manchmal kommt natürlich auch eine kleine Blumenvase dazu, meist bestückt mit Blumen, die die Kinder gepflückt haben. Diese Dinge erinnern uns an eine schöne Begebenheit – für die wir dankbar sind, an die Vielfalt der Pflanzenwelt – für die wir dankbar sind, an Dinge, die Gott gut an uns getan hat – für die wir dankbar sind. Sie geben aber auch immer wieder Anstoß, über solche Dinge zu sprechen, bewusst »Danke« zu sagen. Wir wünschen uns auch, dass es Besuchern auffällt und die Erklärung kann ja durchaus ein willkommener Gesprächsanstoß sein.

Man muss ja keine große Missionierung daraus machen. Aber zu erklären, dass wir gerne unserem Gott dankbar sind, kann unserer Meinung nach schon ein guter Samen sein.

Darüber hinaus sieht die Sache natürlich auch sehr nett aus – vor allem, wenn die Kinder es selbst bestücken und dekorieren – auch, wenn das für die Augen der Erwachsenen wahrscheinlich keineswegs perfekt ist. Gott sieht ganz sicher das Schöne darin!

Familie Imo und Friederike Trojan

5. Besondere Zeiten

Geburtstag

Der Geburtstag ist für ein Kind außerordentlich wichtig. Er sollte entsprechend gefeiert werden. Das Besondere am Geburtstag ist, dass das Geburtstagskind im Mittelpunkt steht. Eine Geburtstagsfeier sollte darum auch so gestaltet sein, dass das Geburtstagskind sie auch ausgiebig genießen kann. Geschwister müssen an diesem Tag lernen, dass sie zurückstehen müssen. Ein Geburtstag hat einen Vorlauf. Nicht nur das Kind lebt auf diesen Tag hin, sondern auch die Familie. Ein Geburtstag muss rechtzeitig geplant und besprochen werden. Wer soll eingeladen werden, wie soll der Tag ablaufen? Da es ein Kindergeburtstag ist, sollen auch Kinder dazu eingeladen sein und nur wenige Erwachsene. Wenn es möglich ist, sollte der Vater mit dabei sein. Das wird für das Geburtstagskind eine besondere Ehre sein, wenn Papa sich für diesen Tag Urlaub genommen hat. Aber auch was die Geschenke angeht, hat der Geburtstag eine Bedeutung. Unsere Kinder leben in einer Konsumwelt. Die Gefahr ist groß, dass das Kind ohne Anlass alle Wünsche erfüllt bekommt. Geschenke am Geburtstag sind dann kaum noch zu übertreffen. Deshalb ist es hilfreich, wenn im Laufe des Jahres die Erfüllung von Wünschen auf den Geburtstag verlegt wird. »Das kannst du dir ja zum Geburtstag wünschen«, war eine häufige Formulierung in unserer Familie. Damit lernen die Kinder auch Warten und Verzichten. Die Verwöhnung ist eines der großen Erziehungsprobleme der Gegenwart.

- Der Geburtstagstisch wurde spätabends im Wohnzimmer aufgebaut. Ein Kuchen oder eine Torte mit der Zahl des Geburtstags durfte natürlich nicht fehlen. Morgens versammelte sich die Familie, die Kerzen wurden angezündet, das Geburtstagskind wurde hereingeführt. Aus noch heiseren Kehlen wurde ein Geburtstagslied gesungen, z. B. »Wie schön, dass du geboren bist«. Dann wurde gratuliert und anschließend wurden die Geschenke angeschaut und bewundert. Die Geburtstagsfeier mit den Freunden fand am Nachmittag statt. Die Feier begann meistens mit dem Kaffeetrinken und anschließenden gemeinsamen Spielen, die dem Alter der Kinder angepasst und gut vorbereitet waren. Beim Geburtstag im Winter waren es Spiele, die in der Wohnung stattfanden, bei einem Geburtstag im Frühjahr oder Sommer wurde draußen gespielt. Die Geburtstagsfeier schloss mit dem gemeinsamen Abendessen. Anschließend wurden die Kinder vom Papa nach Hause gefahren, was immer auch ein Erlebnis war. Das Geburtstagskind ist immer mitgefahren und im Auto wurde erzählt, gelacht und die tolle Geburtstagsfeier gelobt.

Familie Wilhelm und Barbara Faix

- Es ist uns als Eltern wichtig, dass die Geburtstage schön gefeiert werden. Jeder sollte einmal im Jahr im Mittelpunkt stehen. Auf dem Geburtstagstisch steht jeweils der Taufleuchter des Kindes (mit Gravur). Die Kerze wird angezündet, während die Geschenke ausgepackt werden. Später steht der Leuchter dann auf dem Frühstückstisch. Um den Teller des Geburtstagskindes liegen kleine Süßigkeiten, inzwischen stets so viele, wie sie Jahre alt werden. Das gefällt den Kindern, auch den Teenies, noch gut und wird auch so bleiben, bis sie aus dem Haus gehen. Das Geburtstagskind darf sich das Mittagessen auswählen. Kaffee und Kuchen dürfen nicht fehlen. Meistens wird auch mindestens ein Kuchen bzw. eine Torte nach Wunsch gebacken. Beim Frühstück wird für das Geburtstagskind gebetet.

Familie Karlheinz und Gudrun Schmidt

- Das Geburtstagskind darf das Mittagsmenü und die Torte nach seinem Geschmack auswählen sowie einige Freunde zur Feier am Nachmittag einladen. Da singen wir ein Lied, da gibt es eine interessante Geschichte (»Werkbuch Feste feiern«), Gebet, Kuchenessen, Geschenke auspacken, danach eventuell noch ein paar Spiele. Eine spezielle Unternehmung am folgenden Wochenende als Familie gehört auch dazu (Bergtour, Hallenbadbesuch, Bootsfahrt oder der Besuch eines Zoos etc.).

Familie Alois und Elli Geisler

• Das Geburtstagskind muss im Bett liegen bleiben.
Alle Mitglieder der Familie versammeln sich vor der Zimmertür, jeder hat eine Kerze in der Hand und ein Geschenk. Wir öffnen die Tür zum Zimmer und singen »Gottes Segen für dich, Gottes Segen für dich, Gottes Segen, liebe/r ..., Gottes Segen für dich.«
Auch die Eltern werden nicht von diesem Ritual ausgenommen.

• Wir haben es uns angewöhnt, von jedem Kind immer am Geburtstagsmorgen ein Foto zu machen. Einige Wochen vor der Konfirmation haben wir dann eine Bildergalerie (DIN A 4) im Flur oder im Treppenhaus aufgehängt. An der Anzahl der Kerzen war dann immer auch das jeweilige Alter zu erkennen.
Auch bei Hochzeiten ist so eine Galerie gut zu verwenden.

Familie Ulrich und Cornelia Mack

• Jedes Familienmitglied bekommt zu seinem Geburtstag einen Marmorkuchen in Gugelhupfform mit Schokoguss und Smarties. Eigentlich nichts Großartiges, aber dieser Kuchen darf nicht fehlen und ich werde auch immer rechtzeitig erinnert, damit auch wirklich nichts schief geht.

Familie Markus
und Sabine Kalmbach

• Ich war einmal bei einer (schon erwachsenen) Freundin zu Besuch, als sie Geburtstag hatte. Ihr Vater las beim Frühstück den Psalm vor, der mit der Zahl ihres Geburtstags übereinstimmte, und dann noch den entsprechenden Vers aus Psalm 119. Also dann bei mir Psalm 119,32.
In manchen Familien wird das Titelblatt der Tageszeitung vom Geburtstag jedes Jahr von Geburt an aufgehoben, damit die Kinder später mal schauen können, was an ihren jeweiligen Geburtstagen passiert ist und aktuell war.

Familie Ilka Bettina Ionessa

• Das Geburtstagskind musste vor der Tür warten, bis es mit einem bestimmten Geburtstagslied »hereingerufen« wurde. Die Geschenke lagen am Platz auf dem Frühstückstisch, es gab einen Kuchen (meist Rührkuchen, den anderen [Obst]-Kuchen gab es nachmittags) und eine mit Blumen geschmückte »Geburtstagsliesl« mit Kerze. Nach dem Auspacken der Geschenke (nach Abschluss des Gesangs und der Glückwünsche) durfte man den Kuchen anschneiden. Die Kerze brannte bis zum Schluss des Frühstücks und wurde dann vom Geburtstagskind ausgeblasen.

Ein Jugendlicher

• Wir beginnen jeden Kindergeburtstag mit Flaschendrehen vor dem Geschenke-Auspacken. Alle Geschenke werden in die Mitte gelegt und die Kinder sitzen im Kreis drum herum. So wird verhindert, dass das beschenkte Kind die Geschenke eins nach dem anderen nur auspackt und unbeachtet beiseite legt, um das nächste auszupacken ... Die Geschenke werden in der Reihenfolge ausgepackt, wie die Flasche auf die Schenkenden zeigt. So wird in Ruhe jedes Geschenk ausgepackt und gebührend gewürdigt, bevor die Flasche wieder gedreht wird ...

Familie Doris Haller

• Ich habe fünf Geschwister, und als nach und nach alle aus dem Haus und verheiratet waren, war ein gemeinsames Geburtstagfeiern nicht mehr so leicht möglich. Deshalb initiierte mein Schwager ein »Familiensommerfest«, das seither jedes Jahr stattfindet. An den Geburtstagen gibt es einen Anruf oder eine Postkarte, und im Sommer feiern wir dann sozusagen alle Geburtstage zusammen. Wir mieten einen schönen Grillplatz mit Schutzhütte und dabei liegendem Spielplatz. Jede Familie bringt etwas mit und dann verbringen wir mit allen einen Tag. Wir grillen zusammen, machen Spiele, trinken Kaffee, haben Zeit zum Reden. Es ist immer eine schöne, entspannte Zeit zusammen. Auch die Kinder freuen sich da immer sehr darauf.

Familie Jürgen
und Elisabeth Vollmer

• Der 18. Geburtstag ist für die Kinder ein besonderer Tag. Viele Kinder erhalten an diesem Tag ein besonderes Geschenk. Manche Eltern schenken dem Sohn oder der Tochter sogar ein Auto. Da wir nicht so betucht waren, fragten wir uns, was wir unseren Kindern besonderes an ihrem 18. Geburtstag schenken können. Aus der Bibel kannten wir den Elternsegen. So beschlossen

wir, jedes unserer Kinder, wenn sie 18 Jahre alt werden, den Elternsegen zu geben. Wir haben dann jeweils eine kleine Feier gestaltet und unsere Kinder gesegnet. In der Regel haben die Kinder ihre Freunde mit dazu eingeladen. Bei unserer Jüngsten haben wir dieses Segensritual morgens um 6 Uhr gehalten, weil wir keine andere Zeit fanden. Wir waren erstaunt, als einige Freundinnen um 6 Uhr vor der Tür standen, um es mitzuerleben. Die Kinder empfanden diese kleine Feier als etwas Besonderes und wir als Eltern auch, gehen wir doch davon aus, dass Gottes Segen bei den Kindern mehr wirkt als alle materiellen Geschenke, die wir ihnen machen können.
Familie Wilhelm und Barbara Faix

Familienfeste

Familienfeste sind ein wichtiger Bestandteil im Erlebnis von Kindern. An gemeinsames Feiern wird sich oft noch jahre- oder jahrzehntelang erinnert. Durch Familienfeste prägen wir unsere Kinder in besonderer Weise und schreiben damit auch »Familiengeschichte«. Solche Feste sind emotionale Ankerpunkte, an denen Kinder erfahren: Wir gehören zusammen, wir mögen einander, ich bin geliebt und gewollt, ich gehöre dazu. Darum lohnt es sich, sich über die Gestaltung von Familienfesten gründlich Gedanken zu machen und auch Fantasie und Kreativität, Zeit und Kraft dafür einzusetzen.

> • Was der ganzen Familie bei allen Festen und Feiern wichtig ist – ob bei einem schönen Essen oder beim Kaffeetrinken: Der Tisch muss festlich gedeckt sein. Servietten, Kerzen, eine schöne Tischdecke und gutes Geschirr dürfen nicht fehlen. Oft wird auch je nach Jahreszeit der Tisch passend geschmückt – mit Blumen, buntem Herbstlaub, Kastanien oder anderen schönen Utensilien.
>
> Familie Karlheinz und Gudrun Schmidt

Morgens, mittags, abends · Kinder lieben Rituale

Konfirmation:

• Jedes Kind erhält zu seiner Konfirmation ein ganz besonderes Geschenk: Es darf kurz nach der Einsegnung mit Vater oder Mutter (je nach Wunsch) eine kleine Reise machen und das Ziel bestimmen. So ist die jüngste Tochter im letzten Jahr mit der Mutter für einige Tage nach Irland gefahren. Ist natürlich nur etwas für den größeren Geldbeutel. Aber 14- bis 15-jährige Kids behalten einen solchen Kurzurlaub bestimmt gerne im Gedächtnis.

Familie Magdalene Lorenz

Tauftag:

• Den Tauftag feiern wir auch. Es gibt ein ganz kleines Geschenkchen, die Taufkerze steht auf dem Frühstückstisch und bleibt dort bis zum Abend, und wir beten besonders für das entsprechende Kind. Taufe ist dann ganz natürlich Thema bei Tisch, und so kamen schon viele gute Gespräche in Gang.

Familie Jürgen
und Elisabeth Vollmer

Willkommensfest:

• Willkommensplakat/-fest gibt es bei uns, wenn jemand ein paar Tage weg war, oder auch oft spontan von den Kindern, wenn ein lieber Besuch erwartet wird.

Familie Jürgen
und Elisabeth Vollmer

Der erste Schultag:

• Die Einschulung unserer Kinder war für uns immer eine schöne Gelegenheit, ein Fest mit Großeltern und Paten zu feiern. Diese wurden eingeladen zur Einschulungsfeier und zum Mittagessen. Den Tisch haben wir schön dekoriert – mit vom Erstklässler selbstgebastelten Tischkärtchen. Wir haben auch Fotos von dem Kind aufgehängt – von der Babyzeit bis zur Einschulung.

Familie Ulrich und Cornelia Mack

Es gibt Zeugnisse:

• Am Tag nach der Zeugnisausgabe – also am ersten Ferientag – haben wir mit unseren Kindern einen Tagesausflug auf irgendeinen Berg gemacht. Oft verbunden mit einer längeren Bergtour (symbolisch für so manche Berge, die während der Schulzeit bezwungen werden mussten). Am Berggipfel gab es dann Zeugnisgeld.

Familie Ulrich und Cornelia Mack

Morgens, mittags, abends · Kinder lieben Rituale

Krankheit

 Krankheiten verunsichern Kinder. Sie werfen den gewohnten Rhythmus durcheinander, dazu fühlt sich ein Kind oft körperlich einfach unwohl oder hat möglicherweise auch große Schmerzen. In solchen Zeiten braucht es in besonderer Weise die Zusicherung der Eltern, dass es nicht vergessen ist, dass es nicht allein gelassen wird in seinem Schmerz und seinem Unwohlsein. Das besondere Maß an Zuwendung lässt die Krankheit weniger schlimm erscheinen, ja manche Kinder erinnern sich sogar im Nachhinein gerne an solche Zeiten der besonderen Beachtung und Fürsorge. Dadurch erleben kranke Kinder, dass Schweres auch gute Seiten haben kann. Diese elementare Erfahrung kann auch in späteren Krisenzeiten des Lebens eine Hilfe zum Hoffen und Durchhalten sein.

Patienten-Spielzeug
(für Kinder zwischen 5 und 10 Jahren):

- Für Krankheitszeiten hatten wir ein besonderes Spielefach, das nur in diesen Zeiten geöffnet wurde. Dieses Spielzeug war entweder an Weihnachten »zuviel des Guten« gewesen, und ich hatte es gleich weggepackt, oder ich hatte es extra für Krankheitszeiten eingekauft. Sie liebten diese seltenen Spiele und Spielsachen und genossen so auch die Krankheitszeiten. War das Kind wieder gesund, dann verschwanden die Sachen wieder.

Familie Hermann
und Friederike Klenk

- Wenn eines unserer Kinder krank ist, benötigt es oft Ruhe – fühlt sich im eigenen Zimmer aber schnell isoliert. Also wird auf der Couch im Wohnzimmer das »Krankenlager« aufgeschlagen. So ist das Kind in der Nähe der Mutter und der Familie und kann je nach Bedürfnis ein Schläfchen machen. Als Besonderheit gibt es Obstschnittchen etc. sowie Getränke an der Couch serviert. Je nach Gesundheitszustand werden Kassetten oder CDs gehört, eine Geschichte vorgelesen oder auch mal eine kurze Sendung im Fernsehen angeschaut.

Familie Rainer und Ute Mayer

Trauer und Tod

Wenn Kinder nach dem Tod fragen, kann dies ganz verschiedene Gründe haben. Entweder sie fragen aus persönlicher Betroffenheit und persönlichem Erleben heraus – wie z. B. beim Tod eines Menschen oder Tieres. Sie können aber auch aus Unsicherheit oder dem Bedürfnis nach Geborgenheit heraus fragen.

Manchmal haben Kinder Angst, dass ihnen ein Mensch, der ihnen wichtig ist, genommen wird, dann fragen sie nicht nach dem Tod, sondern eigentlich nach Sicherheit. »Wenn ihr tot seid, wer sorgt dann für uns?«

Die Angst vor der Trennung kann die viel größere Angst sein als die Angst vor dem Tod.

In solchen Fällen ist es wichtig, den Kindern deutlich zu versichern, dass wir in jeder Lebenssituation in Gott geborgen sein können und dass auch nach dem Tod der Eltern Menschen da sind, die dann für sie Verantwortung übernehmen, dass gut für sie gesorgt werden wird. Diese Sicherheit kann für Kinder ein ganz wichtiger Faktor sein, um sich geborgen fühlen zu können und sich mit dem Thema Tod auseinandersetzen zu können.

So reagieren Kinder

Die Züricher Psychotherapeutin Hanna Wintsch fasst das kindliche Verständnis vom Tod folgendermaßen zusammen:

»Bei der folgenden Zuordnung von Vorstellungen und Gefühlen über Tod zum entsprechenden Entwicklungsalter gilt, dass es sich nicht um eine strenge Einteilung handelt, sondern viele individuelle Differenzen bestehen. Unbestritten ist, dass der kognitive Entwicklungsstand eine große Rolle spielt beim Erfassen des Todes. Nicht zu vergessen ist die Tatsache, dass Kinder schon sehr früh um einen Verlust trauern können, schon lange bevor sie den Tod wirklich erfasst haben.«

Alle diese Angaben gelten für gesunde Kinder. Wenn Kinder krank sind, insbesondere wenn sie schwere oder gar lebensbedrohende Krankheiten haben wie Krebs, Aids etc., haben sie schon viel früher ein oft umfassendes Verständnis vom Tod. Vielfach ist es dann so, dass sie die Eltern und Geschwister trösten, indem sie (manchmal) eine Natürlichkeit und Gelassenheit ausstrahlen, die für Erwachsene sehr beeindruckend ist und von der wir auch viel lernen können.

- **Neun Monate bis ein Jahr**: Unterscheidung von belebt / unbelebt. Vorher und auch noch in dieser Zeit erfährt das Kleinkind einen Verlust durch die traurigen Stimmungen und Gefühle der Eltern.
- **Ein bis zweieinhalb Jahre**: Die Beobachtung von belebt / unbelebt wird auf Pflanzen, Insekten und andere Tiere ausgedehnt und weiter differenziert. Tot sein wird als Analogie zu schlafen, Trennung oder Reise empfunden. In der Vorstellung der Kinder sind Geburt und Tod noch reversibel.
- **Zweieinhalb bis drei Jahre**: Tod ist »nicht leben«, d. h., es besteht eine Negativ-Definition von Leben, die Endgültigkeit wird nicht erfasst. Rollenspiele, z. B. von Verkehrsunfällen, sind in dieser Zeit häufig: »Du bist jetzt schnell tot und dann aber gleich wieder lebendig.« Bei Verlusten enger Bezugspersonen werden aber auch von unter Dreijährigen klare Vorstellungen von der Endgültigkeit und Irreversibilität beobachtet. In dieser Zeit ist die Trauer sprunghaft, Aggressionen werden im Verhalten und Spiel ausgelebt.
- **Drei bis fünf Jahre**: Magische Phase. Bevor Kinder begreifen, dass der Tod prinzipiell unvermeidlich ist, glauben sie, den Tod durch bestimmte Verhaltensweisen (z. B. sich verstecken, lachen) vermeiden zu können. Manche denken auch, bestimmte Menschen, z. B. die eigenen Eltern, die Kindergärtnerin oder Erzieherin seien nicht vom Tod betroffen. Wut, Ausgeliefertsein und Angst gegenüber den sie verlassenden Personen sind sehr typisch. In der magischen Phase neigen Kinder zu starken Schuldgefühlen, weil sie vielleicht vorher wütend waren oder den Tod sogar gewünscht haben.

Bis zu dieser Zeit haben Kinder ein unbefangenes, fast unbeschwertes Verhältnis zum Tod.

- **Fünf bis acht Jahre:** In diesem Alter erfassen Kinder meist die Universalität, die Unumkehrbarkeit und »Nonfunktionalität« (Erkenntnis, dass mit dem Tod alle Körperfunktionen aufhören) des Todes. Manchmal wird der Tod noch personifiziert. Es besteht auch die Vorstellung, dass der Verstorbene zurückkommt. In dieser Altersstufe ist häufig eine Neugier zu beobachten, z.B. »Was geschieht mit den toten Tieren?« Außerdem tauchen zunehmend Ängste vor dem Tod auf.
- **Ab neun Jahren:** Ab diesem Alter verfügen die meisten Kinder über ein Todeskonzept, wie es von Erwachsenen geteilt wird.
- **Adoleszenz:** In der Adoleszenz unterscheidet sich das Todeskonzept kaum von den Erwachsenen. Bei aktuell erlebten Todesfällen passiert es jedoch oft, dass eine Regression auf frühere Stufen eintritt. Häufiges und intensives Nachdenken über den Tod, auch über die Frage, was kommt nach dem Tod, gehören zur Adoleszenz. Im Zusammenhang mit Sinnkrisen tauchen Suizidgedanken auf, kann der Tod als Lösung angesehen werden. Religiöse Einflüsse sind sehr wichtig (z.B. auch Jugendsekten). Obwohl sich Jugendliche teilweise intensiv mit dem Tod auseinander setzen, verschieben sie ihn gleichzeitig in die (ferne) Zukunft.«[14]

- Kinder brauchen die Möglichkeit, über Angst, Trauer und Verlust zu reden, darum sollten wir in der Gegenwart der Kinder diese Themen nicht vermeiden. Manchmal sollten wir sogar ganz gezielt das Gespräch darüber eröffnen, z.B. dann, wenn wir den Eindruck haben, dass ein Kind sich nach einem schweren Erlebnis von Leid oder Tod innerlich zurückzieht.

Das Sprechen darüber kann emotionale Knoten lösen und neue Horizonte öffnen. Kinder profitieren auch von den Hoffnungen und den Hilfestellungen, die den Eltern oder Erziehern selbst Halt geben in schweren Situationen des Lebens. Wenn wir von einer Hoffnung auf die Auferstehung getragen sind, wenn wir uns getröstet wissen von dem Gott allen Trostes, dann spüren Kinder das und können selbst auch besser mit Leid, Angst oder dem Verlust eines Menschen umgehen.

Eine Beerdigung ist ein öffentlicher Akt des Abschiednehmens von einem Menschen. Auch wenn dieses Erlebnis sehr schwer sein kann, ist es hilfreich, dies in Gemeinschaft mit anderen zu erleben. Es wäre falsch, Kinder nicht auf Beerdigungen mitzunehmen. Eine Beerdigung ist ein offizieller Schlusspunkt im Kreis von Menschen, die diesem Verstorbenen die letzte

Ehre erweisen, die ihn als Weggefährten und Lebensbegleiter geschätzt oder einfach gekannt haben. Auch das offene Grab oder der offene Sarg ist ein wichtiges Erlebnis für Kinder. Verstorbene strahlen oft einen tiefen Frieden aus. Allein der Anblick eines Gesichtes, dem man abspürt, dass der Mensch ans Ziel gekommen ist, und die Atmosphäre des Zur-Ruhe-Gekommenseins an einem offenen Sarg können hilfreicher sein als tausend gutgemeinte Worte. Wenn wir Kinder davon »verschonen« wollen, fehlt ihnen oft ein wichtiger Punkt im Prozess des Loslassens und Hergebens. Gemeinsam nochmals an den Verstorbenen zu denken, am Grab zu singen und zu beten und sich zu verabschieden, ist etwas elementar Wichtiges und Verbindendes. Solche Erfahrungen werden, auch wenn sie schwer sind, zu Stützen, die auch in der Trauer danach helfen. Auch das Aufsuchen von Gräbern ist wichtig als Zeichen dafür, dass wir die verstorbenen Menschen nicht vergessen wollen und uns dankbar an sie erinnern.

• Ähnliches gilt auch beim Tod eines Haustiers. Es ist wichtig, dass wir Kindern in solchen Fällen die Trauer nicht verbieten oder ersparen. Der Schmerz muss zugelassen und erlaubt werden. Wir sollten Kinder nicht schimpfen oder ärgerlich reagieren, wenn sie über einen solchen Verlust laut und lange weinen oder tagelang betrübt oder lustlos sind. Trauer muss zugelassen werden und ist nötig zur Verarbeitung und zur Auseinandersetzung mit diesem Thema. Auch hier kann es eine Hilfe sein, mit dem Kind zusammen im Garten oder im Wald ein kleines Grab mit Blumen und Kreuz zu errichten, eine Stätte der Erinnerung an das Lebewesen und viele schöne Momente, die man mit ihm zusammen erlebt hat.

Tod von Tieren und Menschen:

• Beim Tod eines Tieres beerdigen wir es immer alle zusammen. Wir haben schon viele Gräber: Hund, Katzen, Hase. Wir wickeln es in ein schönes Handtuch oder legen es in einen Karton. Nachher dürfen die »Besitzer« in meinem Blumengarten Pflanzen ausgraben und aufs Grab setzen oder wir kaufen etwas beim Gärtner. Dann basteln die Kinder meist ein Holzkreuz. Jeder Gast, der in der nächsten Zeit kommt, wird zum Grab geführt.

Beim Abschied eines Menschen ist es schon schwieriger, das kurz zu beschreiben. Wir haben in der Familie schon viele beerdigen müssen. Deshalb haben sich Rituale herausgebildet. Unsere Kinder gestalten immer die Trauerfeier mit. Sie machen die Musik, lesen etwas vor, dichten ein Lied und singen es dann. Was sehr schwer sein kann, wie es bei der Beerdigung der Oma war. Sie hatten kaum Stimme vor Tränen, wollten es aber singen.

Am schwersten, aber am wichtigsten finde ich es, Rituale zu haben, wenn ein Geschwister stirbt. Bei uns war es die älteste Schwester. Es ist nun schon 11 Jahre her, aber zum Sterbetag oder Geburtstag erinnern wir uns besonders an sie. Manchmal schreiben meine Kinder Texte, wie sie sich fühlen oder so

und legen sie aufs Grab als Gruß. Wir sehen uns Fotos an und das Video, wo sie drauf ist. Ein Schatz, den wir alle hüten.

Familie Martina Goldberg

Eine kleine Geschichte, wie unbefangen Jonas (6 Jahre) den Tod seiner Uroma verarbeitete:

• In Vorbereitung auf die Beerdigung lasen wir mit den Kindern das Buch: Opas Kirschbaum. Darin wird der Tod u. a. auch mit einem Küken im Ei verglichen, das sich zwar schon die ganze Zeit auf dem Bauernhof befindet, sich aber diesen nicht vorstellen kann, weil es eben noch im Ei ist.

In der Einsegnungshalle sagte Jonas dann plötzlich: »Mama, gell, die Holzkiste ist das Ei und wenn die Uroma geschlüpft ist, dann ist sie bei Jesus.«

Familie Jürgen
und Elisabeth Vollmer

Tod eines Tieres:

• Egal, ob man ein Tier wegen einer Allergie oder eines Umzugs hergeben muss oder ob der Tod den Abschied unwiderruflich macht: Für das Kind ist es ungemein schmerzlich, ein Tier hergeben zu müssen. Wer die Trauer eines Kindes einmal erlebt hat, mag denken:

Besser gibt man dem Kind kein Tier, dann muss es am Ende nicht so leiden. So aber betrügt man sein Kind um eine Erfahrung der Liebe, und das wäre noch viel schlimmer als offene Tränen und gezeigtes Leid.

Trösten Sie nicht mit dem Satz: »Wir kaufen dir ein neues Tier.« Gott hatte dieses Tier individuell und einmalig geschaffen, und man kann es nicht austauschen wie ein kaputtes Spielzeug.

Und sagen Sie dem Kind nicht: »Na ja, es war ja nur ein Tier.« Nicht nur, dass man so keine Achtung vor Gottes Schöpfung vermitteln kann, sondern Sie würden die Trauer des Kindes nicht ernst nehmen. Das Kind trauert um einen engen Freund, um jemanden, mit dem es Liebe geteilt hat, eigentlich um ein Familienmitglied. Ein »Nur« ist da fehl am Platz.

Um den Tod eines Tieres haben Kinder schon längst spontan eigene Riten entwickelt. Viele Haustiere, aber auch am Wegrand aufgefundene Vögel, werden von Kindern liebevoll beerdigt. Häufig sieht man auch ein selbstgebasteltes Kreuz über dem Grab eines Tieres, Wildblumen werden gesammelt oder eingepflanzt. Ein Kindergebet mag zwar theologisch nicht immer ganz stimmig sein, aber wir dürfen darauf vertrauen, dass unser Vater im Himmel ein weites Herz hat und die gute Intention der Kinder sieht.

Bei diesen Tätigkeiten sollte man die Kinder allein werkeln lassen, höchstens eine Schaufel bereitstellen und den Platz im Garten absprechen.

Größere Tiere kann man oft nicht selbst beerdigen, und sie verbleiben beim Tierarzt. Dann sollte man dem Kind helfen, einen Ort der Trauer gestalten. Mit dem Halsband, seiner Pflegebürste, dem Lieblingsspielzeug oder dem Futternapf des Tieres ist ein Anfang gemacht. Das Kind kann ein Foto aussuchen (scheuen Sie die Tränen dabei nicht!) oder das Tier so malen, wie es es am liebsten in Erinnerung behalten möchte. Geben Sie dem Kind eine große leere Vase oder Schale, es soll sie füllen. In jeder Jahreszeit wird das Kind dabei etwas Hübsches finden; oder es kann den Ort der Trauer mit Steinen und Tannenzapfen schmücken. Es kann auch aus Gras oder Wildblumen den Namen des Tieres legen. Ein Tuch als Unterlage sollte in einer warmen, fröhlichen Farbe sein. Wer einen deutlicher ausgeprägten Ritus möchte, kann all das mit dem Kind vorher schon sammeln und dann feierlich den Ort der Trauer richten. Schweigen ist wohl das Angemessene dabei.

> Vielleicht ergibt sich im Anschluss daran noch ein Gespräch mit dem Kind, in dem es formulieren kann, was es jetzt am meisten vermisst. Leiten Sie das Kind in die Haltung: »Gott hat uns die Zeit mit diesem Tier geschenkt. Wir wollen ihm dafür dankbar sein.« Fragen Sie das Kind, ob es in diesem Sinn mit Ihnen beten will.
> Familie Georg und Petra Lorleberg

Statt eines Nachworts

- **Rituale** sind wichtig für die Strukturierung des Tages und bieten so Orientierungshilfe.

- **Rituale** vermitteln durch die Wiederholung Werte, Lebens- und Glaubensinhalte.

- **Rituale** bestehen vornehmlich im Tun und haben darum eine andere Wirkung als Worte.

- **Rituale** stärken das Selbstvertrauen.

- **Rituale** helfen auf natürliche Weise, Grenzen anzuerkennen.

- **Rituale** geben Sicherheit und bieten die Möglichkeit der Loslösung und Wiederannäherung an die Eltern.

- **Rituale** nähren das Vertrauen in die Eltern, welches die Grundvoraussetzung für Selbst- und Gottvertrauen ist.

- **Rituale** helfen Angst, Aggression und Wut zu überwinden und ein emotionales Gleichgewicht wieder zu finden.

- **Rituale** fördern das soziale Verhalten und die Gemeinschaft.

- **Rituale** haben, wenn sie mit Leben gefüllt sind, heilende (therapeutische) Wirkung.

- **Rituale**, die nur abgehalten werden, damit sie stattfinden, können sich auch negativ auswirken; darum sollten Rituale nicht um des Rituals willen praktiziert werden.

- Kinder brauchen und lieben **Rituale** deshalb sollten Eltern sich genau überlegen, wie sie ihr Familienleben gestalten. Das richtige Praktizieren von Ritualen birgt ein Geheimnis in sich und trägt dazu bei, dass Kinder zu gesunden und starken Persönlichkeiten heranwachsen.

Anmerkungen

[1] Epheser 4,14
[2] 2. Mose 23,42f.
[3] Ester 3,7; 9,26-28
[4] Lukas 2,41; Johannes 2,23; 13,1 u.a.
[5] 2. Mose 13,9.16; 5. Mose 6,8; 11,18
[6] 4. Mose 15,38-41
[7] Siehe auch: Cornelia Mack: Gebete für Kinder. Hänssler 1997
[8] Brigitte Beil: Schlummertuch und Hochzeitstag. Rituale in der Familie. München 1997, S. 44
[9] Die Bedeutung von Einschlafritualen, in: Behnken / Zinnecker (Hrsg.): Kinder, Kindheit, Lebensgeschichte. Seelze-Velber 2001, S. 808
[10] Braucht man eine Familie, um glücklich zu sein?, Allensbach 2004, S. 60ff.
[11] Vgl. dazu Wilhelm Faix: Die christliche Familie heute. Ergebnisse einer Umfrage. Bonn 2000, S. 39ff., 57ff.
[12] Vgl. Matthäus 10,29
[13] Siehe auch: Cornelia Mack (Hrsg.): Ideen für Ostern. Hänssler 1997 und 2003
[14] Hanna Wintsch

Buchtipps

- Wilhelm Faix:
  Die christliche Familie heute.
  Ergebnisse einer Umfrage unter evangelikalen Familien über ihr Glaubens- und Familienleben und ihre Erziehungspraxis.
  Verlag für Kultur und Wissenschaft 2000
- Wilhelm Faix:
  Wie viel Vater braucht ein Kind?
  Hänssler 2003
- Wilhelm Faix / Angelika Rühle:
  Baustelle Pubertät – Betreten verboten!?
  Teenager verstehen und in Krisen
  begleiten. Hänssler 2004
- Wolfgang Kleemann / Traugott Kögler (Hrsg.):
  Erziehung braucht Beziehung.
  Warum Kinder und Jugendliche Verbindlichkeit brauchen und lernen sollten. Aussaat 2005
- Cornelia Mack (Hrsg.):
  Am Himmel steht ein heller Stern
  (Vorlesebuch zu Weihnachten für Kinder).
  Brunnen 2002
- Cornelia Mack:
  Der Kinder-Adventskalender.
  Hänssler 2003
- Cornelia Mack (Hrsg.):
  33 Gute Nacht Geschichten.
  Hänssler 2004

- Cornelia Mack / Gerhard Schnitter:
  Freut euch, der Retter ist da.
  Advents- und Weihnachtsliederbuch.
  Hänssler 2004
- Cornelia Mack (Hrsg.):
  Gebete für Kinder.
  Hänssler 1997 und 2003
- Cornelia Mack (Hrsg.):
  Ideen für Ostern.
  Hänssler 1997 und 2003
- Cornelia Mack:
  Immerwährender Adventskalender.
  Hänssler 2001
- Cornelia Mack:
  Töchter & Mütter.
  Konflikte und Perspektiven.
  Hänssler 2004
- Cornelia Mack (Hrsg.):
  Weihnachten – ein Ideenbuch.
  Brunnen 2000
- Cornelia Mack:
  Wir gestalten das Osterfest.
  Brunnen 1998
- Cornelia und Ulrich Mack:
  Konfirmation feiern.
  Hänssler 2003
- Cornelia Mack / Friedhilde Stricker (Hrsg.):
  Zum Leben erziehen.
  Kinder auf das Leben vorbereiten.
  Hänssler 2002

hänssler

Angelika Rühle, Gerdi Stoll [Hrsg.]
Ich bin da, lieber Gott!
Gb., 10,5 x 16,5 cm, 720 S., Nr. 393.423
3-7751-3423-9

Frischer Wind fürs ganze Jahr: Für jeden Tag haben Angelika Rühle und Gerdi Stoll Andachten zusammengestellt, um Kindern die biblischen Geschichten und Bibelverse natürlich und verständlich zu erklären.
Über 80 Autoren wie Andreas Schwantge, Ruth Heil, Angela und Jürgen Werth, Johannes Osberghaus u. v. m. haben ihre langjährigen Erfahrungen aus Kinder- und Jugendarbeit eingebracht und Andachten geschrieben, die Kindern Mut machen, sich Gott anzuvertrauen.
Die erklärten, kommentierten Bibelworte oder Geschichten im Zusammenhang mit fröhlichen und spannenden Elementen wie Rätsel, Spiele und Anregungen sollen die Kinder neugierig machen, später selbst zur Bibel zu greifen und das Gehörte zu vertiefen. Somit eignen sich die Kinderandachten nicht nur hervorragend zum gemeinsamen Lesen in der Familie, sondern ebenfalls als Impuls in der Jungscharstunde, beim Zeltlager, auf Kinderfreizeiten und bei vielen anderen Gelegenheiten!

Josh McDowell, Bob Hostetler
Frühstück, fertig, los!
Gb., 13,5 x 20,5 cm, 640 S., Nr. 393.967
3-7751-3967-2

Josh McDowell und Bob Hostetler legen hier ein Andachtsbuch für die ganze Familie vor, das Eltern eine Hilfestellung bietet, um ihren Kindern geistliche Wahrheiten weiterzugeben. Jede Andacht besteht aus einem täglichen Bibeltext, jeweils einer für Kinder und Jugendliche erklärenden Geschichte, Anregungen für weitere Gespräche und gemeinsame Gebete. Jeder Monat ist unter Themenschwerpunkte gestellt, die in den einzelnen Andachten von verschiedenen Seiten beleuchtet werden.
Zu den Themen gehören: die 10 Gebote, Gerechtigkeit, Liebe, Barmherzigkeit, die Früchte des Geistes, Treue, Einheit, Ehrlichkeit, Demut, Respekt u. a. m.

*Bitte fragen Sie in Ihrer Buchhandlung nach diesen Büchern!
Oder schreiben Sie an den Hänssler Verlag, D-71087 Holzgerlingen.*